POUR LE MEILLEUR
DE SOI !

MARC ANDRÉ MOREL

POUR LE MEILLEUR DE SOI !

52 CAPSULES
de motivation
pour vous surpasser !

BÉLIVEAU
★
éditeur

Ce livre est une réédition, revue et augmentée,
de *L'allumeur d'étincelles*, paru en 2009.

Conception et réalisation de la couverture :
    Kiaï Studio et Jean-François Szakacs
Photo de l'auteur : Michel Laloux

Tous droits réservés pour l'édition française
© 2012, BÉLIVEAU Éditeur

Dépôt légal : 3e trimestre 2012
Bibliothèque et Archives nationales du Québec
Bibliothèque et Archives Canada

ISBN 978-2-89092-528-1

BÉLIVEAU   920, rue Jean-Neveu
  ★   Longueuil (Québec) Canada   J4G 2M1
é d i t e u r   514 253-0403   Télécopieur : 450 679-6648

www.beliveauediteur.com
admin@beliveauediteur.com

Gouvernement du Québec — Programme de crédit d'impôt pour
l'édition de livres — Gestion SODEC — www.sodec.gouv.qc.ca.

Nous reconnaissons l'aide financière du gouvernement du Canada
par l'entremise du Fonds du livre du Canada pour nos activités
d'édition.

IMPRIMÉ AU CANADA

À vous qui choisissez de devenir
et de donner le meilleur
de vous-même

$\mathcal{T}$able des matières

$\mathcal{P}$réface

$\mathcal{É}$TANT ACTIF DANS LE MONDE DES CONFÉRENCIERS depuis 1995, j'ai eu le privilège de rencontrer des gens de cœur et de passion. Certains n'ont fait que passer et d'autres ont su traverser le temps. Mais ils sont très peu nombreux. On s'imagine souvent que c'est facile d'être conférencier. On s'imagine qu'il suffit d'avoir une belle histoire à raconter et que le téléphone va sonner. Ce n'est vraiment pas la réalité. C'est un monde exigeant qui demande beaucoup de travail, de persévérance et de volonté. J'ai cessé depuis long-temps de compter le nombre de personnes qui m'ont approché pour que je les aide à devenir conférencier.

J'ai toujours répondu à leur demande avec plaisir. Malheureusement, la très grande majorité d'entre eux, malgré de grandes ambitions, ne sont plus dans le domaine.

Continuer, malgré les embûches, demande beaucoup de courage et de détermination. Il faut s'adapter, être dynamique, authentique, drôle, humain, généreux et à l'écoute des gens. Ce sont exactement les qualités de Marc André Morel et c'est pourquoi je l'aime. Un homme de cœur, avec ses qualités, ses forces, ses victoires, mais aussi ses faiblesses, ses défis personnels et professionnels; un « Vrai ».

J'aime dire que, parfois, nous avons le vent dans le visage et parfois nous l'avons dans le dos. Marc André a su développer le talent de s'adapter aux différents caprices du vent. En plus d'être un des meilleurs conférenciers au Québec, il est un des auteurs les plus crédibles et les plus prolifiques de la profession.

* *

Le but que je me suis fixé comme conférencier est d'inciter et de stimuler les gens à bouger, à passer à l'action. J'ai toujours été fasciné par ceux qui ont le courage d'agir, qui n'attendent pas que leur succès vienne des autres. Les gens veulent être motivés par les autres. Ils seront heureux si leur entourage est gentil, si leur employeur est gentil, et ainsi de suite. Tout cela m'exaspère. Arrêtez de regarder autour de vous, car vous êtes responsable de votre attitude, de prendre les décisions qui apporteront des changements significatifs et qui vous permettront d'atteindre vos objectifs.

Étant moi-même convaincu de l'importance de devenir le meilleur que l'on puisse être et de donner le meilleur de soi, je ne peux que saluer l'initiative de Marc André. Son ouvrage *Pour le meilleur de soi* est un outil que je vous recommande. C'est à vous de l'utiliser et de mettre en pratique les outils que Marc André vous propose.

Sylvain Boudreau,
auteur et conférencier,
concepteur du *Moi inc.*

« *Il n'y a personne qui soit né*
sous une mauvaise étoile,
il n'y a que des gens qui
ne savent pas lire le ciel. »

DALAÏ LAMA

1

Destinés à réussir

NOUS SOMMES DESTINÉS À RÉUSSIR. JE CROIS FERME-
ment que nous avons tout ce qu'il faut pour réussir
pleinement notre vie personnelle et professionnelle.
La nature souhaite que nous réussissions. Chaque
année, elle nous donne tout ce qu'il nous faut pour
vivre, ou survivre, selon les cas. Et elle le fait sans
effort. Si je me coupe ou me blesse, mon corps prendra soin de guérir, sans mon intervention directe ni
mes efforts. Un bébé qui apprend à marcher tombe et
se relève jusqu'à ce qu'il réussisse à faire ses premiers pas sans trébucher. L'anecdote suivante est
vraiment révélatrice à propos de la force de la vie.

Une de nos collaboratrices au bureau me racontait qu'une troisième série de dents s'était mise à pousser dans la bouche de sa grand-mère lorsqu'elle avait 108 ans! Celle-ci est décédée à l'âge de 115 ans. J'y vois là autant d'indices que la vie souhaite s'épanouir à plein et que de grandes choses se produisent quand nous éliminons nos résistances. D'ailleurs, nous sommes tous issus de cette même source.

Destinés à réussir, oui..., mais peut-être avons-nous été programmés pour l'échec? Par cette affirmation, je veux exprimer ici que, tout au long de notre enfance et de notre adolescence, nous avons tous entendu des messages tels que:

• *Dans la vie, si tu veux réussir, il faut que tu travailles fort! Travaille, travaille, travaille! Tu dois gagner ta vie à la sueur de ton front.*

• *Dans la vie, tu dois faire des sacrifices.*

• *Tu ne peux pas avoir tout ce que tu veux dans la vie.*

• *Fais attention!*

• *Cesse de rêver en couleur.*

Si vous avez eu le malheur d'annoncer à votre entourage que vous vouliez lancer votre entreprise ou devenir travailleur autonome, artiste, comédien ou chanteur, vous avez sûrement entendu: «Mais, voyons donc, trouve-toi donc un vrai job.»

Tous ces gens autour de nous, au sein de notre famille surtout, nous répétaient ces messages avec amour et souhaitaient notre bonheur et notre réussite. Mais s'ils nous ont transmis bien malgré eux leurs expériences et leurs croyances, s'agit-il vraiment de la réalité? Nous avons grandi avec ces messages et nous avons fini par y croire. Plusieurs années plus tard, après avoir été bombardés des mêmes croyances – l'obligation de faire des sacrffices, de ne pas rêver en couleur, etc. – nous finissons par accepter un lieu de résidence qui n'est pas «de rêve», mais *ça va...* On se trouve un premier emploi qui comporte sa dose de sacrifices à faire et qui est loin d'être de rêve, mais *bon....* Et la bagnole n'est pas la belle allemande dont nous rêvions mais *elle fera l'affaire...* Je connais même des femmes qui ont choisi un mari de cette façon: «Ce n'est pas l'homme de mes rêves mais *il fera l'affaire.»*

Sérieusement, vous voyez où je veux en venir? Nous sommes totalement destinés à réussir, mais nous avons aussi été programmés pour l'échec. Bien que nous ne nous connaissions pas et que nous ayons grandi dans des quartiers différents, que ce soit en Amérique, en Europe ou en Afrique, nous avons eu les mêmes pères et mères. Le père qui nous poussait à travailler pour réussir, et la mère qui nous répétait de faire attention, de ne pas rêver en couleur et de faire des sacrifices. Regardons ce que nous faisons plus que tout.

Bref, nous ne faisons pas un travail que nous aimons, nous sommes moins rémunérés que ce que nous méritons et, parfois, nous finissons même par bâtir notre vie avec un conjoint qui ne nous convient pas du tout!

Le premier pas à faire hors de ce carcan consiste à vous libérer des croyances négatives et limitatives qui influencent vos choix et paralysent vos actions. Visez plutôt à en développer de nouvelles qui, plus

« *Nos talents,
on s'en sert ou on les perd.* »

Napoléon Hill

2

*F*aites ce que vous êtes

QUESTIONNÉ SUR SES STRATÉGIES DE SUCCÈS DEPUIS plus d'un quart de siècle, le célèbre parolier, compositeur et interprète James Taylor confiait en entrevue à quel point sa vie et son métier lui semblaient faciles. À l'en croire, non seulement sa carrière lui procurait-elle une profonde satisfaction, mais elle lui permettait aussi de vivre dans l'abondance, à l'abri des tensions néfastes. James Taylor est *lui-même* et cela rapporte, autant sur les plans émotif et spirituel que financier.

De plus, il n'est pas le seul de cet avis. L'acteur Anthony Hopkins répondait à son tour à une journaliste qui lui demandait si la suite du film *Le Silence des agneaux* avait été difficile à faire. «Rien n'est difficile, rien n'est difficile...», a-t-il répondu candidement. En effet, il est un acteur et il est dans la nature de ce dernier d'interpréter un rôle. Tout comme il est dans la nature d'un chanteur de chanter, d'un oiseau de voler, et ainsi de suite.

Au cours de mes conférences, j'aime bien poser à mon auditoire la question suivante: «Céline Dion chante-t-elle parce qu'elle est une chanteuse ou est-elle plutôt une chanteuse parce qu'elle chante?» Autrement dit, si elle n'avait jamais enregistré une seule chanson ni fait le moindre spectacle, en tant que femme inconnue du public, chanterait-elle tout de même dans sa maison, en famille ou entre amis? Oui! Parce que c'est une chanteuse. Et une chanteuse chante. Vous, qui êtes-vous? Faites-vous ce que vous êtes?

Il n'y a pas de développement personnel sans connaissance de soi. Sachez qui vous êtes et ce que vous êtes. Et faites ce que vous êtes! C'est la meilleure façon d'exploiter votre plein potentiel avec moins d'effort et de résistance.

Pendant de nombreuses décennies, les générations précédentes ont cru que réussir voulait dire travailler dur et longtemps. À la limite de leurs forces parfois. En plus de se plier à une discipline, les gens qui réussissent dans leur domaine pratiquent le métier ou la profession qui leur ressemble. Le contraire n'apporte que déceptions et manques dans notre vie. Chacun possède un talent particulier et une manière unique de l'exprimer – un talent qui rend service à autrui, à la collectivité. C'est autour de ce talent à exprimer que s'articule notre mission de vie.

Dans la langue védique, forme archaïque du sanskrit, on parle de la loi du «dharma», qui veut dire «but de la vie». Il est important de connaître le but de notre vie. La faculté de nous réaliser et d'attirer l'abondance existe dans l'expression de cette flamme en chacun de nous dont les pouvoirs de richesse sont illimités.

« *Quelqu'un qui ne fait pas*
ce qu'il aime dans la vie
manque sa vie. »

GINO VANNELLI

3

*F*aites ce que vous aimez

QUAND ON LUI A DEMANDÉ QUELLE ÉTAIT LA PLUS grande leçon apprise durant sa carrière, le chanteur Gino Vannelli a répondu ceci: «Quelqu'un qui ne fait pas ce qu'il aime dans la vie manque sa vie.» Ce n'est pas une déclaration à moitié! Manquer sa vie...

Ne pas avoir le goût d'aller travailler de temps à autre, c'est normal. Déborder d'énergie la fin de semaine et vivre des rhumes seulement pendant la semaine... ce sont des signes!

On dit que deux travailleurs sur trois «détestent leur travail»! C'est énorme. Pourquoi ne fait-on pas ce que l'on aime? Pour la sécurité d'emploi? Pour le fonds de pension? Pour ne pas perdre ce qu'on a déjà? Mais qu'a-t-on à perdre quand on fait ce que l'on aime? Comme le disait Erich Fromm: «Si tu es ce que tu as, et que tu perds ce que tu as, alors... qui es-tu?»

De toute façon, si vous risquez un peu et que vous sortez de votre zone de confort pour poursuivre la carrière ou le travail de vos rêves, vous serez en bien meilleure position de rendre service aux autres. Et «réussir, c'est servir», comme le dit si bien mon ami conférencier Simon Blouin. Il est beaucoup plus facile d'accepter le changement, les efforts et les heures supplémentaires quand on fait ce que l'on aime!

L'univers ne connaît pas de vide. Si vous changez votre fonction actuelle pour aller vers votre vraie mission, vous êtes assuré que ce sera remplacé par des bénéfices équivalents ou supérieurs.

Dites-vous que peu importe votre métier ou votre profession de rêve, quelqu'un, en ce moment, l'exerce et en fait son gagne-pain! Tout est possible. Allez-y... sautez! Et rappelez-vous que le prix à payer pour la sécurité, c'est l'insécurité! Ne *manquez* pas votre vie, faites ce que vous aimez!

« *Les passionnés soulèvent
le monde et les sceptiques
le laissent retomber.* »

ALBERT GUINON

4

*A*imez ce que vous faites

*F*AIRE CE QUE NOUS AIMONS, PRATIQUER UN MÉTIER QUI nous passionne est une chose. Mais apprendre à aimer la tâche à accomplir devant nous en est une autre. Même si nous exerçons la profession de nos rêves, il y a toujours des choses que nous n'aimons pas faire. Pour moi, par exemple, donner une conférence au Québec ou ailleurs dans le monde me procure 100 % de satisfaction et de bonheur sur le plan professionnel. Par contre, même avec mon travail de rêve, je dois passer des semaines et des mois entre les aéroports, les hôtels et les 60 000 kilomètres de route par année, sans oublier toutes les tâches administratives qui peuvent m'attendre au bureau au retour.

S'éloigner de la famille et de son lit, ce n'est le rêve de personne, ou presque, mais c'est le prix à payer pour faire ce qu'on aime. J'ai appris à aimer vivre dans ces conditions. Cela me fait penser à la fameuse vaisselle à récurer après un gros repas du jour de l'An. On ne veut pas se lever pour la faire mais, aussitôt qu'on s'y met, on ne peut plus s'arrêter et on s'acquitte de cette tâche jusqu'au bout!

Si ma mémoire est bonne, c'est dans la version cinématographique de Walt Disney du conte des frères Grimm, *Blanche-Neige*, que les sept nains se mettent à faire du ménage et choisissent de rendre l'expérience plus plaisante. Tout le monde se souvient de la chanson *Sifflez en travaillant*. Eh bien, justement, au lieu de nous attendre à recevoir de la joie de nos actions, mettons plutôt de la joie dans celles-ci. C'est beaucoup plus agréable et le temps file beaucoup plus vite. Sans compter qu'il est plus facile d'obtenir de l'aide des autres quand notre travail semble agréable!

« *Mesure tes forces
d'après tes aspirations
et non tes aspirations
d'après tes forces.* »

ADAM MICKIEWICZ

5

*A*imez qui vous êtes

*L*ES GENS QUI JOUISSENT LE MIEUX DE LA VIE, QUI ONT une propension au bonheur, ont tous un dénominateur commun : leur bonne estime d'eux-mêmes. L'estime de soi, c'est la valeur que nous nous donnons. Que nous nous attribuions un 10, un 4 ou un −2 certains jours, cela ne change rien à notre *vraie* valeur. Elle est toujours de 10 sur 10. Nous avons été choisis et nous avons tous une raison bien précise d'être. Il ne nous manque rien pour accomplir notre rôle dans la vie. Certes, nous pouvons nous améliorer, devenir une meilleure personne, oui, mais frapper 700 balles de golf avant un tournoi et le remporter ne fait pas de Tiger Woods une personne de plus grande valeur.

Un joueur de golf de plus grande valeur, oui, mais sa valeur en tant qu'être humain ne change pas.

Pour certains, il est naturel d'avoir confiance en eux, tandis que d'autres sont plus fragiles, plus hésitants, plus méfiants par rapport aux préjugés des autres. Sans aucun doute, l'éducation reçue des parents y est pour beaucoup. En fait, on dit qu'un enfant reçoit, en moyenne, dix-neuf messages positifs seulement par jour et quatre cent vingt-quatre messages négatifs, tels que : «Ne mets pas cela dans ta bouche.» «Cesse de courir partout.» «Ne touche pas à ça, arrête de déranger ta petite sœur.» «Tu es donc stupide!»

La confiance en soi, c'est un amplificateur ou un réducteur de réussite. Quelqu'un qui n'a pas une bonne estime de lui-même sabotera non seulement sa propre réussite, mais aussi celle de son entourage.

La confiance se bâtit d'abord selon ce que nous pensons de nous-mêmes et selon notre interprétation des résultats. Faire des choses qui nous font plaisir, rendre service aux autres, avoir des buts et passer à l'action, voilà autant de gestes que nous pouvons effectuer afin de nourrir, voire d'augmenter notre sentiment de valeur.

« Si vous faites toujours ce que vous avez toujours fait, vous aurez toujours ce que vous avez toujours eu. »

ARISTOTE

6

*F*aites les choses différemment

*I*L Y A 2 400 ANS, LE PHILOSOPHE ARISTOTE ENSEIGNAIT ceci: «Si vous faites toujours ce que vous avez toujours fait, vous aurez toujours ce que vous avez toujours eu.» La formule, qui ne date pas d'hier, demeure tout à fait vraie de nos jours. Je dirais que c'est même pure folie que de vous attendre à des résultats différents (ou meilleurs), tout en continuant à faire les mêmes choses de la même façon. Vous attendre à perdre du poids, à augmenter vos revenus, à avoir une vie sentimentale et sociale plus satisfaisante et à améliorer vos relations avec vos enfants…

tout en espérant vous gaver des mêmes aliments, travailler et dépenser de la même façon, fréquenter les mêmes gens et poursuivre des activités sporadiques avec vos enfants... Cela ne fait-il pas de vous un être un peu fou ou quelque peu inconscient de la réalité? Thomas Edison n'a pas inventé l'ampoule électrique en «travaillant plus fort», ni en tentant d'améliorer la chandelle!

Obtenir des résultats supérieurs ou différents dans la vie ou au travail ne signifie pas nécessairement qu'on doive toujours travailler plus fort. Même si ce peut être le cas, il faut au moins faire certaines choses différemment. Je connais des personnes qui se battent chaque matin avec leur banane pour la peler en tirant sur la tige. Mais saviez-vous qu'elle se pèle beaucoup plus aisément par l'autre bout? Et cela se fait tout seul! Avez-vous déjà observé un singe peler une banane? Pourtant, il n'est même pas allé à l'école, lui! Vous et moi pelons la banane depuis trente, quarante ou même cinquante ans sans même essayer de la prendre par le bout où la pelure s'enlève en un rien de temps. Dans ce contexte, même si vous travaillez plus fort pour y parvenir, vous n'êtes pas plus avancé si vous tenez à votre méthode désuète ou inefficace. Parfois, il suffit simplement d'envisager les choses sous un angle différent. C'est alors que tout devient plus facile soudainement, et les résultats sont meilleurs. Quand on change sa façon de voir les choses, les choses que l'on voit changent.

« Chaque homme doit inventer son chemin. »

JEAN-PAUL SARTRE

7

*C*ommencez par la fin

SAVIEZ-VOUS QUE 65 % DE NOTRE STRESS PROVIENT
de notre manque de direction, c'est-à-dire un manque
dans l'orientation que nous voulons donner à notre
vie? Quand nous ne savons pas où nous allons ni
pourquoi...

Afin de réduire votre stress, de simplifier votre vie
et d'améliorer vos résultats, je vous recommande de
préciser vos attentes concernant votre vie personnelle
et professionnelle, et de les écrire (seulement 3 % de
la population le fait). Plus vos objectifs sont précis,
plus il y a de fortes chances qu'ils se réalisent. Il faut
donc commencer par les mettre sur papier.

Voici quelques directives à respecter afin d'augmenter vos possibilités de réussite:

1. Prenez soin de fixer vos objectifs par écrit (les avoir seulement en tête ne suffit pas). Débutez par la fin, c'est-à-dire ce que vous voulez avoir atteint à la fin de l'année, par exemple.

2. Ayez des objectifs précis pour chaque domaine de votre vie, par exemple votre carrière, vos finances, votre condition physique, votre santé, vos aspects émotif, social, familial et spirituel.

3. Limitez-vous à dix objectifs par catégorie à la fois.

4. Conjuguez-les au temps présent en utilisant le «je» et un verbe. Par exemple: «Je suis le prochain directeur de ce service.» Et il faut le croire pour le voir!

5. Assurez-vous de viser des objectifs SMART (Spécifiques, Mesurables, Atteignables, Réalistes et Temporels). Un rêve n'est qu'un rêve, jusqu'au jour où il est mis sur papier avec une date butoir prévue pour sa concrétisation. À ce moment-là, il devient un projet à part entière, bien inscrit dans le temps, et ce projet peut alors devenir une réalité.

6. Tentez de créer un thème ou un slogan rassembleur pour tous vos objectifs. Cela augmentera votre focus et vos chances de réussite.

7. Ensuite, gardez vos objectifs bien en vue (dans votre agenda, près de votre miroir, sur votre réfrigérateur, à un endroit où vous les verrez régulièrement).

Allez-y! N'attendez plus et commencez par la fin!

« Tout le monde croit que
le fruit est l'essentiel de
l'arbre quand, en réalité,
c'est la graine. »

NIETZSCHE

8

Oui, je le veux

JE VEUX UNE PLUS GRANDE MAISON, UNE NOUVELLE
voiture, un bateau, un chalet, j'aimerais rencontrer
l'âme sœur... Nous en voulons, des choses! Et il n'y a
pas de problème à cela! La question, ici, est plutôt:
Pourquoi ne les avons-nous pas déjà? Écoutez les
gens parler autour de vous:

– *Comment ça va?*

– *Aaah! pas si mal!*

– *Pars-tu en vacances cet été?*

– *Non, je n'ai pas d'argent, tout est trop cher!*

– *Aaah... l'argent!*

– *Es-tu allé t'entraîner hier?*

– *Hé non! je n'ai pas eu le temps... Je n'ai jamais le temps de rien faire.*

Remarquez-vous le nombre de messages négatifs en matière de déceptions et de manques énoncés dans ces conversations banales? Qu'en est-il au cours de toute une journée? Il est impossible d'attirer quelque chose de positif dans sa vie quand on pense constamment le contraire et qu'on parle toujours de négatif. Au lieu de passer du temps à répéter ce que vous ne souhaitez pas de votre partenaire idéal, faites plutôt la liste de vos attentes envers lui ou elle: privilégiez ce que vous voulez et non ce que vous ne voulez pas.

Adoptez le même principe pour vos finances. Quand vous manquez d'argent, pensez à de l'argent qui entre dans votre vie, imaginez votre compte de banque avec précisément le montant désiré. Ne concentrez pas votre énergie sur ce qui n'est pas là. La vie ne fait pas de cadeaux et ne triche pas. Elle vous renvoie votre énergie. Toujours. Par le biais des événements et des personnes que vous rencontrez sur votre chemin.

Je ne vous demande pas d'en comprendre le fonctionnement, mais seulement d'y croire et d'essayer, un désir à la fois. Personnellement, je n'ai pas la moindre idée de comment fonctionnent le moteur et les systèmes de mon automobile. Cela ne m'empêche pas de l'utiliser chaque jour avec confiance, sachant qu'elle va démarrer et emprunter la direction que je lui assignerai en tournant le volant. Votre esprit, c'est votre automobile. Dites-lui où vous voulez aller, et non où vous ne le voulez pas...

Je vous livre un dernier exemple. Si vous allez sur Google dans Internet et que vous tapez «pas de hockey», devinez ce qui va sortir? Exactement! Vous avez tout compris. On y verra tout ce qui existe sur le hockey.

Branchez votre esprit sur les solutions et les possibilités, pas sur les problèmes et les manques. Et dites à vos désirs: «Oui, je le veux.»

« *Ne juge pas la journée en fonction de la récolte du soir mais d'après les graines que tu as semées.* »

R.L. STEVENSON

9

L'œuf ou la poule

CONNAISSEZ-VOUS L'HISTOIRE DE CE FERMIER QUI A vu un jour sa poule lui pondre un œuf en or? Eh bien, il s'agit d'une vieille légende israélienne. Le fermier en question était allé faire évaluer son œuf par le joaillier du village. C'était de l'or véritable. Il était donc plus riche que la veille. Puis, le lendemain, la poule a pondu un autre œuf; et le surlendemain, un autre; et ainsi de suite, jour après jour.

Non seulement le fermier était-il de loin l'habitant le plus riche du pays, mais il en était même devenu avare à la longue. Il en voulait toujours davantage. La poule ne pondait pas assez vite à son goût. Donc, un bon matin, à bout de patience, il s'est fâché et a coupé la poule en deux, question de récupérer d'un seul coup tous les œufs à l'intérieur de ses entrailles. Mais, bien sûr, il n'y avait pas d'œufs. Le pire, c'est qu'il n'avait plus de poule non plus : par conséquent, plus de poule, plus d'œufs en or.

Trop souvent, un peu comme le fermier dans cette légende, on devient impatient. On en veut plus. Toujours plus et toujours plus vite. Et, par la force des choses, on finit par tuer la poule. Et la poule dans tout cela, qui ou quoi peut-elle représenter? Ce peut être un de nos clients. On pense trop au profit au lieu de rendre service, de donner et de récolter naturellement par la suite. Mais, ce qui est encore plus tragique, on constate de plus en plus de cas d'épuisement professionnel.

Votre richesse, c'est avant tout votre capacité de produire. Ce n'est pas tellement ce que vous accumulez. Si vous perdez tout votre avoir, pouvez-vous vous rebâtir à partir de ce que vous êtes, de vos talents? La réponse, c'est oui. Parce que vous avez tout en vous pour reproduire cette richesse-là.

Attention à votre poule, vous n'en avez qu'une seule!

« *Qui veut faire quelque chose*
trouve un moyen ; qui ne veut
rien faire trouve une excuse. »

PROVERBE ARABE

10

*U*ne excuse
ou une raison

QUELLE EST LA DIFFÉRENCE ENTRE UNE EXCUSE ET une raison? Si j'arrive en retard au travail et que j'explique à mon patron que c'est à cause d'un bouchon de circulation, il s'agit d'une excuse. Des ralentissements de circulation, il y en a dans tous les villages et villes du Québec et de l'Europe, de Gatineau aux Îles-de-la-Madeleine et de Deauville à Nice. Par contre, si vous arrivez en retard à cause des 40 degrés de fièvre de votre fille de 3 ans qui vous ont précipité à l'urgence de l'hôpital cette nuit-là, c'est une bonne raison!

Les raisons qui font obstacle à nos objectifs, à notre réussite sont tout à fait incontrôlables. En revanche, nous pouvons facilement reconnaître une excuse dès qu'elle est donnée. Car très souvent, notre esprit commence à chercher la meilleure façon d'expliquer notre échec, notre manque, notre retard aussitôt qu'il y a une faille, quelle qu'elle soit.

Aux prises dans la circulation dense, seul dans votre voiture, vous regardez l'heure et vous vous mettez à passer mentalement en revue toute une liste d'excuses potentielles, dans le but évident de trouver la meilleure justification. C'est un réflexe bien humain.

En réalité, l'être humain est ainsi fait qu'il souhaite ne jamais perdre la face et qu'il tente à tout prix d'éviter la douleur associée aux sentiments de culpabilité et de honte, voire à l'humiliation. C'est puissant, l'ego d'un homme ou d'une femme. Des nations entières sont entrées en guerre pour une simple question d'avoir... raison.

«Faute avouée est à moitié pardonnée», nous disaient nos grands-mères. Laissez tomber les excuses.

« *La réussite, c'est d'abord
et surtout d'être au travail
quand les autres vont
à la pêche.* »

PHILIPPE BOUVARD

11

La discipline, c'est la liberté

SELON LE Dr SCOTT PECK, ÉMINENT PSYCHIATRE ET auteur du livre à succès *Le chemin le moins fréquenté*, la définition de la discipline n'est ni plus ni moins que «le pouvoir de retarder la satisfaction». Et il semble qu'une part de discipline soit innée chez l'être humain, mais que plusieurs l'auraient perdue au sortir de l'enfance. Des recherches démontrent que les enfants, de façon intrinsèque, mangent d'abord les aliments de leur assiette qu'ils aiment le moins (les légumes, par exemple) avant d'attaquer ceux qu'ils préfèrent. Il semble donc naturel d'évacuer ce qui nous déplaît avant de faire ce qui nous enchante – nous gardons le dessert pour la fin, quoi!

Devant la perspective de nous entraîner trois fois par semaine ou de faire nos devoirs avant d'écouter la télé, la discipline est perçue trop souvent comme un boulet ou une barrière à notre liberté. En fait, c'est tout le contraire. La discipline, c'est la liberté. Ainsi, nous discipliner à épargner et à respecter notre budget permet de nous bâtir un réel pouvoir financier et de nous payer des fantaisies qui nous font plaisir, en plus de nous préparer une retraite confortable. C'est aussi grâce à la discipline scolaire que nous aspirerons à des postes mieux rémunérés, nous donnant plus de pouvoir et de liberté dans la poursuite de notre carrière.

Et que dire de tous ces athlètes qui, par leur assiduité à l'entraînement, visent la perfection? Peut-être ne l'ont-ils pas atteinte, mais plusieurs ont pu réaliser leur rêve d'accéder à la célébrité et la gloire tout en savourant un profond sentiment de satisfaction personnelle. C'est la discipline qui nous permet de tels accomplissements et qui soutient notre motivation à poser des gestes importants pour nous, notre famille et aussi pour nos amis.

« Nul n'est plus chanceux
que celui qui croit
à sa chance. »

PROVERBE ALLEMAND

12

Chanceux ou privilégié

$\mathcal{A}$U GALA ARTIS 2007 (CÉRÉMONIE AU QUÉBEC OÙ l'on remet des prix aux artistes en fonction du vote du public), le comédien et animateur Charles Lafortune a accueilli l'un de ses deux prix de la soirée en partageant une courte phrase toute simple, mais qui en révèle beaucoup sur le personnage et son succès. Il a dit ceci: «Je ne me considère pas nécessairement chanceux dans la vie, mais je me considère quand même privilégié.»

Passionné des lois de la réussite, j'ai tout de suite saisi la nuance. Selon moi, l'animateur disait toute sa reconnaissance devant ce qui lui arrive: il pratique le métier qui lui plaît, il est très en demande, ses patrons l'apprécient et son public l'aime. Aussi a-t-il été consacré la personnalité Artis masculine de l'année. Il fait partie du «*happy few*», comme il le disait si bien.

Il reste que tout cela n'en fait pas un chanceux. Qui sait les plaisirs et les gratifications qu'il a dû refuser pour parvenir à cette condition «privilégiée»? Sa vision de la vie a-t-elle été épargnée ou altérée? À quoi a-t-il dû renoncer afin d'embrasser sa carrière? Il a fait des choix. Il faut avoir le courage et la discipline de dire non au soleil et aux amis quand c'est le temps de travailler ou d'étudier. Sachons saisir le pouvoir de retarder la satisfaction. L'ex-plongeuse olympique Sylvie Bernier expliquait les exploits du champion plongeur Alexandre Despatie par ses cinq ou dix petites minutes d'effort supplémentaire consenti à la fin d'une séance d'entraînement, alors que la plupart des autres avaient déjà quitté. Ce court laps de temps investi de manière répétée a fini par faire la différence.

On ne peut le nier, la vie leur a donné une belle gueule, du charisme et une grande intelligence. Malheureusement, les êtres pleins de talents gaspillés ne manquent pas dans notre société. Ce n'est pas ce que vous avez ou ce qui vous arrive dans la vie qui fait la différence, c'est ce que vous en faites.

« Quoi que vous pensiez ou croyiez pouvoir faire, faites-le. L'action porte en elle la magie, la grâce et le pouvoir. »

GOETHE

13

Les affaires non classées

QUI PARMI NOUS N'A PAS UN TIROIR AU BUREAU OU À LA maison qui mérite que nous lui accordions notre attention pour le ranger? Un grenier? Un garage? Ou l'album de photos à classer? Nous avons tous une liste de tâches à effectuer qui traînent depuis longtemps, trop longtemps! Les affaires non classées, non terminées nous gênent et minent notre moral. Elles finissent surtout par nous immobiliser, nous paralyser, sans compter la perte de confiance en soi qui peut s'ensuivre.

Rappelez-vous simplement ce samedi où vous avez concrétisé votre intention de tout nettoyer dans votre garage et sur votre terrain! Rappelez-vous comment vous vous sentiez: fier, heureux, satisfait, soulagé... LI-BÉ-RÉ! C'était un état merveilleux.

Durant notre enfance, nos parents nous disaient de terminer ce que nous avions commencé. Je n'avais aucune idée à quel point cette leçon anodine du quotidien pouvait cacher des vérités sur le bonheur, la santé et la réalisation de soi.

À force de ne pas s'atteler à des tâches qui attendent, on finit par traîner un boulet qui devient de plus en plus gros et lourd à porter. La vie est suffisamment exigeante sans qu'on en rajoute.

Je vous recommande donc de faire une liste de tout ce qui *s'éternise* depuis trop longtemps. Ensuite, trouvez ce qui vous désole le plus dans le fait de ne pas avoir encore réglé tout cela, ce qui pèse le plus lourd dans la balance. Inscrivez cette activité tout de suite sur votre calendrier et passez à l'action au moment convenu, quitte à procéder par étapes! Finies les excuses! C'est un rendez-vous avec vous-même, comme si vous preniez l'avion pour aller en vacances. On prend des vacances pour se sentir mieux après; c'est la même chose dans les cas de procrastination.

Réglez vos affaires non terminées et vous ferez de la place pour du meilleur et du nouveau dans votre vie.

« On ne peut s'empêcher
de vieillir, mais on peut
s'empêcher de devenir vieux. »

HENRI MATISSE

14

*R*etrouver et garder son énergie

*L*A RÉUSSITE, C'EST AUSSI PHYSIQUE. QUE FAIRE LORS-
que votre niveau d'énergie baisse? Je vous propose
une solution en cinq étapes. Il s'agit de la formule
REPAS, ou R-E-P-A-S.

R ESPIRATION

Nous utilisons à peine 10 à 15 % de notre capacité
pulmonaire. Il a aussi été démontré à plusieurs
reprises que notre niveau de santé et la force de
notre système immunitaire sont directement liés à
la qualité et à la profondeur de notre inspiration,

sans compter que 75 % de nos toxines sont élimi-
nées lors de notre expiration. Prenez le temps de
bien respirer.

Exercice

Inutile de le répéter, c'est en dépensant de l'énergie qu'on en récolte. Au cours d'une activité cardiovasculaire, le cerveau sécrète entre autres une
hormone dans le corps appelée l'endorphine. Il
s'agit de la fameuse drogue naturelle du joggeur.
Elle procure une sensation de bien-être, d'euphorie. L'activité physique est une façon sûre d'élimi-
ner le stress, de prévenir la maladie. Et c'est
gratuit! Pourquoi vous en passer? À ce sujet, je
vous recommande mon livre *De l'énergie à vie:
trouver et garder la motivation au gym.*

Posture

Aussi étonnant que cela puisse paraître, notre
façon de nous tenir la tête, le dos, les épaules a
une incidence directe sur notre vitalité. La preuve:
essayez de «déborder d'énergie» en marchant le
dos courbé et les épaules vers l'avant, et voyez
vous-même le résultat!

Alimentation

Un autre incontournable. Pas de surprise, ici non
plus. Pour avoir le maximum d'énergie, mangez
«vivant» et à 80 % de teneur en eau – seuls les
fruits et les légumes nous procurent cela. Il faut
aussi éviter les sucres, raffinés surtout – rien de
pire pour les baisses subites d'énergie.

SOMMEIL

Il n'y a rien comme une bonne nuit de sommeil réparateur, sept jours par semaine. Et ce sommeil réparateur sera plus facilement atteint si les quatre étapes précédentes sont respectées.

Alors, suivez la formule REPAS pour garder un haut niveau d'énergie, été comme hiver.

«*Si vous ne risquez rien,*
vous risquez encore plus. »

ERICA JONG

15

*L*e dossier intitulé

«*Succès*»

*N*OUS AVONS TOUS BESOIN D'UNE TAPE D'ENCOURAGE-ment dans le dos à un moment ou un autre. Que ce soit pour avoir un bon moral ou pour traverser une période un peu plus difficile. Chacun a sa croix à porter à l'occasion.

Pour vous aider dans ces situations, je vous suggère de conserver précieusement toutes les preuves de réussite et tous les témoignages de reconnaissance venant de clients, amis ou collègues, dans un dossier intitulé «Succès». Vous pouvez garder aussi ces marques d'attention dans un dossier électronique créé pour la circonstance, en plus de votre dossier papier. Tout devrait y être consigné et répertorié. Que ce soient des remerciements ou des félicitations pour un travail bien accompli, un honneur ou une reconnaissance que vous avez reçus, tous ces éléments ont un point en commun: ils vous ont procuré une sensation de bien-être, le sentiment d'être apprécié et important. Ces sentiments d'importance et d'appréciation sont les plus puissants motivateurs au monde.

Lorsque nous traversons des journées comportant d'importants défis, il est bon de nous rappeler qu'il n'y a pas si longtemps, nous avons excellé et avons obtenu la reconnaissance en conséquence! C'est dans ces moments où nous sommes laissés à nous-mêmes devant des obstacles à franchir que nous avons le plus besoin de cette fameuse tape d'encouragement sur l'épaule ou dans le dos. La plupart du temps, lors de ces moments cruciaux, personne n'est là, tout près de nous, pour nous encourager ou nous rappeler nos réussites. Mais dans notre dossier «Succès», nous aurons toujours sous la main cet appui moral auquel nous pourrons recourir.

Personnellement, je garde dans ce dossier tous les commentaires positifs que j'ai reçus, les cartes de remerciements, les notes d'appréciation, les certificats d'accomplissement, les photos inspirantes de moments vécus, les témoignages, les courriels de félicitations, etc.

Alors, vous aussi, gardez votre dossier «Succès» bien étoffé et à portée de la main, afin de retrouver instantanément votre confiance devant les missions à accomplir et ressentir de nouveau ce sentiment si réconfortant de votre pleine valeur.

« *Tout paraît impossible*
jusqu'au moment où l'on agit ;
alors, on s'aperçoit que
c'était possible. »

EVELYN UNDERHILL

16

*F*inies les résolutions

*F*INIES LES RÉSOLUTIONS! OUI, VOUS AVEZ BIEN LU!
Vous savez très bien, tout comme moi, que la prise
annuelle de résolutions est une perte de temps et ne
fonctionne pas. Voici pourquoi: selon la définition du
dictionnaire *Larousse*, une résolution est une *décision
prise avec la volonté de s'y tenir*. Avec la *volonté...*
Voilà pourquoi tenir nos résolutions ne fonctionne pas.
La volonté chez l'être humain constitue à peine 5 % de
sa force. Ce sont nos habitudes de vie et notre inconscient qui constituent le vrai moteur de notre pouvoir
personnel.

Par conséquent, que nous souhaitions perdre du
poids, rembourser nos dettes, cesser de fumer, faire

de l'exercice de façon régulière... toutes ces intentions sont excellentes, mais pour qu'elles soient mises en branle, elles doivent devenir des engagements. Pour cela, voici quatre étapes à suivre.

- Première étape: écrivez vos engagements et assurez-vous qu'ils seront positifs, précis et mesurables. Par exemple: «De janvier à décembre, je vais au gym trois fois par semaine.»

- Deuxième étape: dressez une liste de dix, quinze, voire vingt-cinq raisons pour lesquelles il est important pour VOUS de respecter votre engagement. Vous avez bien compris? Ce sont vos propres raisons, et non celles de votre conjoint ou de votre conjointe, de votre médecin ou des médias. Collez ensuite votre liste sur votre frigo, votre miroir de salle de bain et dans votre agenda.

- Troisième étape: changez vos associations. Par exemple, si vous voulez devenir un non-fumeur, arrêtez de dire: «Aaaah! une bonne cigarette», mais pensez plutôt: «Ouach... C'est vraiment dégoûtant!» Bonne association = bonne motivation!

- Quatrième étape: il est important de vous féliciter et de vous récompenser à chaque bonne action ou à chaque étape franchie. C'est déjà assez difficile, alors il ne faut pas oublier de vous dire «Bravo!».

Pour terminer.... N'abandonnez jamais votre engagement, surtout durant les quatre premières semaines; ce temps a été scientifiquement établi comme une période nécessaire au développement ou au changement d'une habitude.

« *Pêchez tant qu'il y a
de l'eau !* »

ÉDOUARD SIMARD

17

Savoir pêcher
tant qu'il y a de l'eau

*D*ANS LES ANNÉES 1930 ET 1940, LE QUÉBEC bougeait! Deux des plus importants employeurs de l'époque étaient Sorel Industries et Marine Industries, de Sorel, bien entendu. La famille Simard en était propriétaire. Quatre frères vivaient cette grande aventure et ils avaient beaucoup de succès. C'était énorme! En plus de vaisseaux de la marine, ils fabriquaient des canons d'artillerie utilisés par les forces alliées durant la Seconde Guerre mondiale. Ces canons furent une telle réussite que même le premier ministre britannique de l'époque, l'inimitable sir Winston Churchill, avait ainsi salué la victoire des Alliés contre les forces nazies : «*We could not have won the war without the 25 pounder*[1]!»

Un jour, lors d'une entrevue, un journaliste a demandé à monsieur Édouard Simard, le plus exubérant des quatre frères, ce qui pouvait bien expliquer tous les succès de leur famille. Avec son verbe coutumier et son franc-parler légendaire, il s'est empressé de répondre : «Vous savez, monsieur, je ne suis pas comme le reste du monde. Moi, quand je vais à la pêche, je ne pêche pas tant qu'il y a du poisson.» Il précisa ensuite sa pensée : «Moi, quand je vais à la pêche, je pêche tant qu'il y a de l'eau!»

Pêcher tant qu'il y a de l'eau! Quelle belle leçon de persévérance! À quand remonte la dernière fois où vous êtes resté accroché à votre rêve, à votre projet, tant et aussi longtemps qu'il restait des possibilités? Malheureusement, il est prouvé que nous abandonnons après trois ou quatre tentatives alors qu'il en faudrait de sept à neuf pour toucher notre but. La persévérance est l'une des plus grandes qualités des gens qui réussissent le mieux leur vie et dans la vie.

---

1. «*Nous n'aurions pu gagner la guerre sans ce canon!*»

« *Ça va bien, ça va très bien.*
Ça ne coûte pas plus cher et
on se sent tellement mieux. »

PAUL MOREL

18

Ça ne coûte pas plus cher

$\mathcal{V}$OICI L'HISTOIRE D'UN HOMME FASCINANT, MON GRAND-père, Paul Morel. Imaginez une gueule à la Clark Gable dans le film *Autant en emporte le vent*. Dans les années 1940, il a été finaliste au Gala du plus bel homme du Québec et il a côtoyé la première grande star du Québec, la chanteuse Alys Robi, en plus de jouer au golf avec des vedettes du Club de hockey Canadien de l'époque, telles Henri Richard et Jean Béliveau. Barbier de profession depuis l'âge de 13 ans, il a grandi en Estrie au Québec. Ce n'était ni son statut financier ou social particulier qui l'amenait à se frotter aux grands; il n'avait rien de tout cela. Mais quelle gueule! Quelle grande intelligence émotionnelle, quel charisme et quelle attitude gagnante!

Plus tard, âgé dans la soixantaine, il est venu vivre dans le sous-sol de notre modeste bungalow à Saint-Léonard, dans le nord-est de l'île de Montréal, où j'ai passé une partie de mon adolescence. Mon grand-père était un grand sportif. C'est avec lui que j'ai appris à jouer au baseball et au tennis. Nous faisions parfois des randonnées à vélo de vingt, trente ou cinquante kilomètres. Il avait 65 ans! Il venait de divorcer et avait un nouvel amour dans sa vie. Madeleine était une belle grande femme, plus jeune que lui de vingt et un ans. Elle venait lui rendre visite parfois, surtout après avoir appris qu'elle avait un cancer du sein. Malheureusement, suite à l'ablation, elle n'a pas survécu trois ans. Ce fut sans contredit un choc pour mon grand-père. Mais au lieu de se plaindre ou d'être irritable avec ma sœur, mon père ou moi, il choisissait d'enfourcher son vélo et de rouler pendant une, deux ou même trois heures avec sa radio branchée sur le baseball des Expos afin de «passer ses bleus», comme il disait, et soulager sa mélancolie.

Ce qui m'a marqué le plus, c'était lorsque nous nous arrêtions dans un café ensemble. Avec la vie qu'il a vécue, il rencontrait toujours une personne qu'il connaissait. Chaque fois, le même scénario se répétait: «Bonjour, Paul, comment ça va?» À tout coup, il répondait, même pendant les moments les plus difficiles de sa vie: «Ça va bien, ça va très bien. Ça ne coûte pas plus cher et on se sent tellement mieux.» Il a vécu les affres d'un divorce (pour un homme de sa génération, surtout), il a perdu sa jeune conjointe nouvelle, mais il ne s'est jamais plaint. Et il n'a jamais été malade. Quand il a reçu sa carte de l'Âge d'Or, il l'a coupée en deux. Il fuyait les aînés qui se plaignaient sans arrêt de leurs *bobos*.

Non seulement mon grand-père a réussi sa vie, mais il a su attirer autour de lui des gens tous aussi remarquables dans l'attitude qu'ils dégageaient. Sans compter qu'il demeure aujourd'hui une belle source d'inspiration pour plusieurs personnes, tout comme il l'a été pour moi. Comme il disait : «Ça ne coûte pas plus cher, et on se sent tellement mieux.»

« C'est en vain qu'on cherche
au loin son bonheur quand
on oublie de le cultiver
soi-même. »

JEAN-JACQUES ROUSSEAU

19

*P*artout où je vais,
j'y suis

À PLUSIEURS ÉGARDS, IL NOUS ARRIVE À TOUS PLUS OU moins les mêmes choses dans la vie. Nous ne contrôlons pas toujours les événements qui surviennent dans notre vie, mais nous avons toujours le plein contrôle de notre façon d'y répondre ou d'y réagir.

Qu'il fasse −30 ^{0}C, qu'il neige abondamment ou que l'entreprise qui nous emploie subisse de gros changements, nous n'avons aucune maîtrise sur les conditions climatiques ou sur les décisions de notre employeur. Par contre, très souvent, plusieurs d'entre nous blâment les circonstances pour excuser des résultats décevants sur le plan personnel ou au travail. J'entends souvent des vendeurs et des entrepreneurs me dire qu'ils ne vendent pas en juillet parce qu'il fait trop chaud. Et ils ont la même excuse en janvier avec le froid. Pourquoi leurs concurrents, eux, vendent-ils normalement pendant ces mêmes périodes? La différence entre ceux qui réussissent davantage et les autres, c'est l'attitude qu'ils adoptent par rapport à ce qui leur arrive.

Visualisons la formule suivante: E + A = R, «E» étant les événements, «A» est notre attitude par rapport à ceux-ci et «R», les résultats. Sachant que nous n'avons aucun contrôle sur les événements (0 %), mais plein contrôle (100 %) quant à notre attitude, si nous faisons un petit calcul: 0 % + 100 % divisé par deux, c'est donc 50 % de contrôle que nous exerçons sur chacun de nos résultats. Par conséquent, si ça va bien, c'est grâce à moi. Si ça ne va pas, c'est aussi à cause de moi.

Le dénominateur commun, c'est moi! Je suis là chaque fois. Ce n'est pas par hasard que nous attirons le même genre de conjoint ou conjointe dans notre vie, le même type de patron (qui nous rappelle souvent la figure d'autorité de notre enfance) ou le même genre d'emploi, les difficultés financières de même nature, et ce, même si nos revenus augmentent. Dans chacune de ces situations, le dénominateur commun est toujours moi. Ce n'est pas un conflit interpersonnel, les autres ou le salaire que je gagne, c'est moi.

Une chose est sûre: partout où l'on va, nous y sommes!

« *L'optimisme vient de Dieu,*
le pessimisme est né dans
le cerveau de l'homme. »

PROVERBE ARABE

20

Penser comme une religieuse

AU DÉBUT DES ANNÉES 1930, LA MÈRE SUPÉRIEURE d'un couvent aux États-Unis a demandé à ses religieuses novices de composer un texte de une page sur leur vie. Certaines d'entre elles ont noté simplement des faits, mais plusieurs ont réussi à exprimer des sentiments tout au long de leur texte. De celles qui ont exprimé des sentiments – et pas seulement des faits – environ 25 % ont utilisé plus d'expressions positives comme le bonheur et l'espoir. Étonnamment, ces dernières femmes ont vécu près de dix ans de plus que leurs consœurs. C'est une différence énorme!

Le même écart entre les fumeurs de vingt cigarettes par jour et les non-fumeurs.

Pourquoi ces quelques lignes écrites soixante années plus tôt auraient-elles eu pareilles répercussions sur la durée de vie d'une personne? Tout d'abord parce que ces religieuses s'avéraient l'échantillon idéal de personnes pour un sondage de ce genre: pendant toute leur vie adulte, les religieuses vivent sous le même toit, mangent la même nourriture, dorment sensiblement le même nombre d'heures dans des chambres identiques, font essentiellement le même travail et partagent aussi le même style de vie et la même routine.

On a donc pu présumer que la différence résidait dans leur façon positive et optimiste de voir la vie, ce qui n'a rien changé au fait qu'elles ont toutes vieilli. Toutefois, leur optimisme a influencé leur attitude générale et, en retour, cette attitude a eu un effet positif sur leur système immunitaire.

Bref, ayons un regard optimiste sur la vie et nous vivrons mieux et plus longtemps!

« C'est en croyant aux roses

qu'on les fait éclore. »

ANATOLE FRANCE

21

*A*ugmenter
sa confiance en soi

ON ME DEMANDE SOUVENT COMMENT FAIRE POUR AUG-
menter sa confiance en soi. Il est difficile d'avoir une
réponse exacte, car cela varie d'une personne à
l'autre. Soulignons d'abord que la confiance en soi est
un facteur très important de réussite dans notre
société. Réussir, c'est 10 % de talent et 90 % de courage. Et le courage vient avec la confiance. De plus,
l'image que l'on a de soi-même détermine la valeur
que l'on se donne, ce qui influe directement sur la confiance en soi. On dit que deux personnes sur trois
souffrent d'un manque d'estime personnelle. De toute

façon, qui peut affirmer se sentir en pleine forme et en totale confiance de soi à tout coup?

Voici ce que je vous suggère pour augmenter votre confiance en soi:

- Pratiquez des activités qui vous font vraiment plaisir. Si vous aimiez nager pendant votre enfance, trouvez une piscine et allez faire des longueurs.

- Choisissez un travail que vous aimez. Sinon, apprenez à aimer le plus possible votre travail.

- Entretenez des relations avec les personnes qui vous font sentir bien. Les autres, évitez-les et évitez de réagir trop émotivement.

- Lancez-vous un défi personnel pour vaincre une de vos peurs. Qu'il s'agisse de parler en public, de faire de la plongée sous-marine ou de danser un «continental», passez à l'action sans crainte!

- Terminez ce que vous avez commencé.

- Écrivez chaque jour dans votre journal personnel en notant tout ce que vous avez fait de bien dans la journée et ce dont vous êtes fier.

- Surtout, cessez de vous taper sur la tête lorsque vous faites une erreur. Votre entourage le fera pour vous, et gratuitement en plus!

« *Nous ne voyons pas
les choses comme elles sont,
nous les voyons
comme nous sommes.* »

ANAÏS NIN

22

Savoir presser son orange

*N*OUS AVONS TOUS UN JOUR DIT À QUELQU'UN: «Aaah! tu me mets en colère!» La plupart d'entre nous ont pété les plombs au moins une fois dans leur vie, ont monté sur leurs grands chevaux, ou sont sortis de leurs gonds! Parfois, certaines personnes ou certains événements provoquent en nous de la colère. Jusque-là, c'est tout à fait normal. Là où nous pouvons perdre beaucoup sur le plan de nos relations professionnelles ou interpersonnelles, c'est au moment d'exprimer cette saute d'humeur.

Laissez-moi créer pour vous une image simple. Si je tiens une orange entre mes deux mains et que je la presse, qu'est-ce qui en jaillit? Du jus d'orange, bien sûr! Mais pourquoi du jus d'orange? Simplement parce que c'est ce qu'il y a à l'intérieur. Donc, si je vous dis ou si je vous fais quelque chose, que cela vous *serre* un petit peu ou *vous presse*... et que votre colère éclate, dites-vous que c'est parce que c'est ce qu'il y avait à l'intérieur de vous. Aujourd'hui ou demain, ici ou dans une autre ville, que ce soit moi ou quelqu'un d'autre qui presse l'orange, on en extraira toujours du jus d'orange. Pour vous aussi, c'est la même chose, ce qui sort de vous, c'est ce qu'il y a à l'intérieur.

Est-il possible que je dise la même chose à deux personnes différentes et que j'aie deux réactions différentes? Oui! Et que la même personne ait aussi deux réactions totalement différentes à une même situation à deux temps donnés? Oui! Donc, cela n'a rien à voir avec la personne qui le dit ou qui pose l'action.

Vous sentir blessé, c'est normal. Piquer une crise de nerfs ou faire la moue peut compromettre votre réputation et nuire considérablement à votre santé. En fait, la colère tue: nous nous exposons à quatre fois plus de risques de faire une crise cardiaque et nous avons deux fois moins de chances de revenir d'une crise cardiaque majeure. La colère donne aussi des ulcères, entraîne de l'insomnie, fait augmenter la pression, et j'en passe.

Donc, il vaut mieux respirer, vous éloigner, traduire votre colère par écrit, marcher, courir à perdre haleine pour lui permettre de s'évaporer dans l'air, ou dévorer ce que vous avez sous la main, même si ces aliments sont mauvais pour la santé... car ainsi vous garderez votre emploi et vos amis !

« *Rien de ce qui résulte
du progrès humain ne s'obtient
avec l'assentiment de tous, et
ceux qui aperçoivent la lumière
avant les autres sont
condamnés à la poursuivre
en dépit des autres.* »

CHRISTOPHE COLOMB

23

S'attendre à la désapprobation

IL EST TOUT À FAIT HUMAIN DE VOULOIR QUE LES GENS nous aiment, nous apprécient. Par contre, s'attendre à ce que tout le monde autour de nous (amis, famille, voisins et collègues) approuve toutes nos décisions, nos paroles et nos actions relève de la pure utopie.

En fait, durant une élection, on parle d'une victoire éclatante lorsqu'un parti l'emporte avec un peu plus de 50 % des votes. J'ai même entendu l'expression *C'est un vrai raz-de-marée,* en 1984, lors d'une élection fédérale au Canada donnant 54 % des voix au nouveau gouvernement conservateur de monsieur Mulroney. *C'est quand même 46 % de la population qui ne voulait pas te voir là, Brian!* Alors, la prochaine fois qu'on aura au moins 50 % d'approbation, on devrait jubiler!

J'ai d'ailleurs lu dans un sondage du *Wall Street Journal*, il y a quelques années, que la raison première pouvant pousser un employé à détester son patron était l'ambition ou la tentative de ce dernier de plaire à tout son groupe. C'est impossible. Pire encore: à vouloir plaire à tous, on finit par semer le mécontentement général.

Il est beaucoup plus profitable d'être authentique, respectueux et présent vis-à-vis des autres. Dans son chef-d'œuvre sur les relations humaines, *Comment se faire des amis et influencer les autres*, publié pour la première fois en 1936, Dale Carnegie écrivait: «Vous vous ferez plus d'amis en deux mois en vous intéressant sincèrement aux autres, qu'en deux ans en tentant de vous rendre intéressant.»

Après avoir étudié le cheminement des plus grands de ce monde, je peux vous affirmer qu'ils ont tous entendu ceci: «Non»; «Tu es fou»; «Ça ne marchera jamais»; «Ce n'est pas une bonne idée.»

Alors, dès que vous entendez de tels propos, dites-vous que vous êtes sur la bonne voie, que vous travaillez sur quelque chose de grand! Attendez-vous à de la désapprobation.

« *Pour la plupart d'entre nous,*
le plus grand danger n'est pas
d'avoir un but trop élevé et
de ne pas l'atteindre, mais,
au contraire, c'est d'en avoir
un trop peu ambitieux
et de l'atteindre. »

MICHEL-ANGE

24

Ce qui traîne se salit

QUI N'A PAS REPORTÉ À PLUS TARD UN GESTE À FAIRE qui traînait peut-être déjà en longueur depuis un bon bout de temps? On appelle ça de la procrastination. Plus facile à faire qu'à prononcer, en tout cas!

«Plus ça traîne, plus ça se salit», me répétait mon premier patron quand il me voyait tourner autour du pot pour des tâches importantes. Et il avait bien raison. Que ce soit pour faire le suivi du dossier d'un client, remplir sa propre déclaration de revenus, ouvrir son courrier, payer ses comptes, nettoyer ses tiroirs ou classer des photos, peu importe.

Dressez la liste de ce qui traîne dans vos affaires, réservez du temps dans votre agenda pour faire ces tâches et commencez! Pourquoi? Parce que vous savez, tout aussi bien que moi, qu'il faudra le faire à un moment ou un autre. Aussi bien vous en acquitter tout de suite! Il s'agit simplement de vous y mettre. Vous botter les fesses, comme on dit familièrement, est le geste le plus exigeant. Après, vous prenez votre «erre d'aller», votre élan, et il deviendra même difficile de vous arrêter.

Les plus grands adeptes de la procrastination se trouvent des excuses et ont parfois même de vraies raisons. Ils rationalisent chacun des motifs de ne pas faire tout de suite ce qu'il y a à faire. Par exemple, ils disent: «Ce n'est pas le bon moment», «Mes priorités ont changé», «Les astres ne sont pas alignés», «J'ai besoin de repos», enfin toutes sortes de raisons! On veut à tout prix exécuter d'abord les petites tâches sous prétexte de se donner tout l'espace pour s'attaquer aux vraies choses, aux plus importantes plus tard.

Tout cela, c'est de la foutaise. Nous fuyons, nous évitons, puis nous ruminons et cela mine notre esprit. Le morceau devient trop gros à avaler et nous étouffons. Nous restons en plan, nous nous immobilisons. Écrire un livre commence par une première phrase... c'est cliché, mais puissant.

« *Remarquez que l'arbre le plus rigide est facilement cassable, tandis que le bambou ou le saule peut survivre en pliant sous le vent.* »

BRUCE LEE

25

Notre emploi est le changement

À TITRE D'EMPLOYÉ, DE CADRE OU D'ENTREPRENEUR, nous sommes voués à vivre le changement tout au long de notre vie et de notre carrière. Fluctuations des marchés boursiers et de l'économie, habitudes de consommation modifiées, nouvelles technologies, nouveaux systèmes informatiques ou nouveaux gadgets électroniques – l'être humain est appelé à rompre ses anciennes habitudes afin d'en développer de nouvelles.

UNE CRÉATURE D'HABITUDES

L'être humain est une créature d'habitudes.
D'année en année, nous nous enlisons dans nos
zones de confort, qu'elles soient liées à nos habitudes de travail ou de loisirs, ou à nos habitudes ali-
mentaires, sportives et de tout autre ordre. Nous
avons tous appris – et adopté à force de répétition –
une manière de faire les choses.

Il a été prouvé scientifiquement que la répétition
d'une nouvelle façon de faire prend de vingt et un à
vingt-huit jours consécutifs avant de devenir une habitude qui brise ou détrône l'ancienne. Or, sachez que
même si vous réussissez à convaincre le côté rationnel de vos employés (ou de vos clients), n'oubliez pas
qu'il existe une partie invisible quatre à neuf fois plus
puissante qui travaille contre ce côté rationnel et qu'il
faudra au moins un mois avant de voir des résultats.
Patience! Allez-y de façon progressive. Secouer un
pommier ne fait pas pousser les pommes plus vite.
Cela en fait simplement tomber plus.

LE PROBLÈME N'EST PAS LE CHANGEMENT

Très souvent, les employés se plaignent du changement. Pourquoi? Ils répètent qu'ils n'aiment pas
cela. Sauf qu'ils changent leur voiture, leur télé et leur
destination vacances aussitôt qu'ils le peuvent. Le
changement n'est pas vraiment le problème.

Par exemple, si je gagne à la loterie ou si j'hérite
de plusieurs millions de dollars, c'est nouveau pour
moi, et c'est tout un changement. Alors pourquoi personne ne refuse cette situation? Tout simplement
parce que cette nouvelle situation financière ne chan-

gera rien à mes bases, à ce que je sais déjà. Je pourrai seulement faire mieux que ce que j'accomplissais déjà. Donc, je ne perds pas mon savoir. Inconsciemment, je ferai toujours référence à mon ancien système informatique lorsque j'en apprendrai un nouveau. Même chose pour de nouveaux produits à vendre.

La prochaine fois que vous aurez à gérer une nouvelle façon de faire dans votre entreprise, établissez le plus de liens possible avec la façon actuelle de faire, afin de vous sentir plus à l'aise grâce aux bases déjà connues.

L'EGO, TOUJOURS L'EGO

On peut définir l'ego comme la façon dont l'être humain se définit: «Je suis ce que je fais», «Je suis ce que je possède» et «Je suis ma réputation.» Un employé ou un dirigeant qui s'identifie à la profession qu'il exerce aura plus de difficulté à abattre certaines résistances au changement. Ce sera pire encore si sa réputation est en jeu. En fait, personne n'aime perdre la face. Au contraire, les gens sont prêts à mentir et à humilier d'autres individus pour éviter de «mal paraître».

Je vous encourage à être conscient, en tant que leader, mentor, ou collègue mature et visionnaire, de la blessure (justifiée ou non) qui pourrait être faite à l'ego de votre voisin lorsque du nouveau survient. Assurez-vous de créer un environnement détendu où l'erreur n'est pas jugée sévèrement, mais où elle est plutôt accueillie avec souplesse. Et sachez pratiquer le renforcement positif chaque fois que vous êtes

« *Rien n'est aussi contagieux*

que l'exemple. »

LA ROCHEFOUCAULT

26

*P*renez garde aux personnes avec qui vous vous tenez

*D*URANT NOTRE ENFANCE, NOS PARENTS SE SOU-
ciaient de nos fréquentations. Ils voulaient voir nos
amis afin d'approuver ou non nos relations. En effet,
ces derniers auraient pu exercer une mauvaise
influence sur nous.

En tant qu'adultes, disposons-nous des conseils
de quelqu'un qui surveille et évalue nos fréquentations, notre cercle d'influence ? Et si notre cercle
d'amis n'était en fait qu'un autre panier de crabes ?

Oui, oui, j'ai bien dit un «panier de crabes», un milieu dont les membres cherchent à se nuire, à se déchirer. Saviez-vous que les crabes vivent en groupe, massés au fond de l'océan? Si l'un d'eux décide de s'éloigner, d'explorer de plus grands horizons, aussitôt les autres crabes étirent leurs pinces et l'agrippent pour le ramener au sein du groupe.

Impossible de s'épanouir, de s'affranchir, de se démarquer un tant soit peu lorsqu'on est un crabe. Il arrive que notre entourage, par insécurité, réagisse de la même façon et nous empêche de réaliser nos rêves et nos ambitions, ou pire, nous empêche d'être ce que nous sommes destinés à être.

L'être humain est ainsi fait qu'il cherchera malgré lui à donner raison à sa situation, même s'il en est peu fier. Par exemple, même si la majorité des parents ont le réflexe de soutenir leur progéniture quant à l'obtention de meilleures conditions que les leurs, il est connu qu'un parent qui n'a pas terminé ses études secondaires et qui a vécu dans un milieu défavorisé toute sa vie n'aura pas nécessairement la meilleure influence pour encourager ses propres enfants à poursuivre leurs études. Malheureusement, ce parent pourrait se sentir «menacé» devant le potentiel et les réalisations de son enfant. Et afin de ne pas trop mettre en lumière ses propres insuffisances, il cherchera (inconsciemment très souvent) à éteindre les élans de son entourage, y compris ceux de ses enfants, afin de se sécuriser dans sa propre médiocrité.

Il est bien difficile de quitter sa mère ou son père quand on a 13 ans, mais quelles sont vos excuses une fois devenus adultes? Quel est le dénominateur commun à votre entourage? S'agit-il de gens qui vous stimulent, qui vous donnent de l'énergie, qui vous inspirent à vous réaliser et à avoir le courage de vos ambitions ? Si c'est le contraire, soyez certain de ceci : vous ne volerez jamais plus haut que l'altitude atteinte actuellement. Vous êtes le produit de votre environnement. Et votre entourage influe directement sur votre comportement et vos attitudes, de façon positive ou négative.

Alors, un peu de ménage en vue ?

« *La tristesse et la crainte,*
deux sentiments
bien désagréables.
Ajoutez-y les regrets,
c'est le pire état de l'âme. »

VOLTAIRE

27

Il n'est jamais trop tard

S I VOUS CROYEZ QU'IL EST TROP TARD POUR VOUS LAN-
cer en affaires, changer d'emploi ou faire du sport,
cette chronique s'adresse assurément à vous.

Flying Phil, comme on l'appelle communément, a
remporté à 100 ans la course de cent mètres – tenez-
vous bien – pour les athlètes centenaires! Cela veut
donc dire qu'il n'est pas le seul à courir en compétition
une fois la centaine bien sonnée! Incroyable!

En fait, cet homme originaire de Cape Town, en
Afrique du Sud, s'appelle Phil Rabinovitch et il est
décédé des suites d'un accident cardiovasculaire

le 29 février 2008, à l'âge de 104 ans. Non seulement a-t-il remporté la course de cent mètres dans la catégorie des 100 ans et plus, mais il a aussi amélioré son chrono au cours des trois dernières années de sa vie! Après la compétition en 2004 (cent mètres en 30,86 secondes!), il s'est exclamé devant toutes les caméras qui le suivaient: «*Wow!* Je viens encore d'améliorer mon temps de course, qu'est-ce que ce sera l'an prochain?» Quelle attitude merveilleuse! Et s'il avait été convaincu qu'il était trop tard? Il n'aurait jamais pu savoir que c'était possible. Il n'est guère étonnant qu'on l'ait aussi surnommé *Rabinoblitz*.

Le colonel Sanders, fondateur de l'empire *Poulet Frit Kentucky*MC, ou PFK pour les plus jeunes, avait 65 ans lorsqu'il a commencé à le commercialiser et à franchiser sa raison sociale. Mon ami Jean-Marc Chaput avait 40 ans quand il a débuté sa carrière de conférencier. À l'âge de 78 ans, en 2008, il ne semblait toujours pas croire qu'il était trop tard! Et que dire de cette ancienne religieuse qui a obtenu aux États-Unis son diplôme de chiropractie à l'âge de 73 ans. Elle s'était inscrite au programme à 65 ans. Au moins jusqu'au début des années 2000, elle voyait des dizaines – certaines fois une centaine – de patients par jour, gratuitement en plus, depuis l'obtention de son diplôme.

Il n'est jamais trop tard! Vivez vos passions et réalisez vos rêves.

« *Attendre d'en savoir assez
pour agir en toute lumière,
c'est se condamner
à l'inaction.* »

JEAN ROSTAND

28

*A*ssis sur
un tapis de clous

*S*UPPOSONS QUE L'UN DE MES AMIS POSSÈDE UN superbe golden retriever. Je suis invité chez lui et son chien est là, paisiblement assis au fond du salon, comme il le fait habituellement. Le hic, c'est qu'il est assis sur un tapis de clous. Vous savez, comme ceux dans les dessins animés de notre enfance, avec le vieux fakir tout maigre qui y méditait! Alors, je demande à mon ami: «Robert... ton chien... mais il est assis sur un tapis de clous! Ça ne lui fait pas mal?» Et lui de me répondre: «Oui, ça lui fait mal!» Je le relance: «Mais pourquoi ne se lève-t-il pas?» «Eh bien, c'est tout simplement parce que ça ne lui fait pas assez mal!», me rétorque-t-il aussitôt.

Souvent, dans la vie, cela se passe ainsi. Nous vivons une situation désagréable qui nous fait mal, qui nous fait souffrir, mais à laquelle nous nous sommes malheureusement un peu trop habitués. J'appelle ça «être assis sur un tapis de clous». Ce pourrait être le boulot que nous n'aimons pas vraiment, ou que nous détestons. L'abus que nous vivons peut-être au travail ou dans notre relation amoureuse. Ou bien nous sommes toujours fauchés et nous en avons assez. Nous fumons, cela nous dégoûte et nous voudrions bien arrêter. C'est douloureux, mais nous endurons et rien ne change.

Pourquoi faut-il toujours être à bout, ne plus pouvoir supporter une condition, se retrouver acculé au pied du mur avant de se dire: «ASSEZ! C'EST FINI!» C'est pourtant à ce stade qu'on se lève et qu'on ne retourne JAMAIS... sur le tapis de clous.

Une douleur forte de ce type a tout de même du bon. En fait, c'est un signal que quelque chose DOIT changer. Qu'on doit changer de voie, de direction. Mais est-ce nécessaire d'attendre que la situation fasse aussi mal?

Alors, quel est votre tapis de clous actuellement? Qu'est-ce que vous endurez depuis trop longtemps? Cessez de souffrir! Levez-vous et empruntez un autre chemin. C'est cela que la vie vous dit. Cette douleur ne partira pas d'elle-même. Parce que plus vous résistez, plus elle persiste!

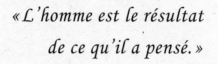

« L'homme est le résultat
de ce qu'il a pensé. »

BOUDDHA

29

*A*ttention
à quoi vous pensez

ON DIT QUE 77 % DE NOS PENSÉES AU COURS D'UNE
journée sont négatives. C'est énorme et cela influe sur
nos émotions, notre santé, nos finances et nos relations.

De fait, nos pensées sont liées directement à nos
émotions, et vice versa. Lorsque nous nous disons
que la vie est belle, cette déclaration ne vient pas de
notre côté logique, notre côté rationnel, mais plutôt
d'une sensation : nous nous sentons bien. Et c'est
dans ces moments-là que nous accomplissons les
meilleures choses de notre vie.

Ceux qui ont déjà assisté à mes conférences savent que je soumets parfois un volontaire à une expérience dans le but de tester l'effet de nos pensées négatives et positives sur notre force physique et, par conséquent, sur notre système immunitaire. Je demande à un participant de se concentrer sur un événement positif de sa vie, en tenant un bras tendu vers l'avant ; je suis alors incapable de lui faire baisser le bras à l'aide de deux doigts.

Mais lorsque cette même personne, quelques secondes plus tard, répète l'expérience tout en se concentrant sur un événement négatif de sa vie, cela devient pour moi un jeu d'enfant de lui faire baisser le bras. Une pensée négative nous affaiblit littéralement et l'inverse est aussi vrai. Tout le monde sait que *monsieur Baboune* a toujours un rhume ou un bobo !

Alors, comment nous débarrasser de ces réflexes négatifs ? Premièrement, en *décidant* de ne plus nous laisser contrôler par nos pensées. Si, tout à coup, nous pensons à quelqu'un ou à quelque chose qui nous dérange, nous arrêtons d'y penser pour nous concentrer sur autre chose.

Un jeune de 14 ans aura déjà vu 12 000 meurtres simulés dans sa courte vie. Donc, attention à la télé et aux jeux vidéo. Pour les adultes, soyez vigilants devant les chaînes de nouvelles continues ; on peut se limiter à quelques minutes par jour. On peut aussi changer de cercle d'amis ou de collègues, lire ou écouter des livres inspirants. Méditer est aussi une bonne idée. L'écrivain James Allen disait que la plus grande découverte de l'être humain, c'est qu'il peut littéralement changer sa vie en changeant d'attitude, donc sa façon de penser.

Question d'enrichir cette réflexion, voici des pensées aussi inspirantes que célèbres:

- *Nous devenons ce à quoi nous pensons.*

EARL NIGHTINGALE

- *Tel l'homme pense en son cœur, tel il est.*

JÉSUS DE NAZARETH

- *Notre destin est l'expression de notre inconscient.*

SIGMUND FREUD

- *Tout ce que l'esprit peut concevoir, tout ce en quoi il peut croire, il peut aussi le réaliser.*

NAPOLEON HILL

- *Toutes vos expériences, toutes vos actions et tous les événements et circonstances de votre vie ne sont que les réflexions et les réactions de votre propre pensée.*

JOSEPH MURPHY

- *Ce sont les pensées d'un homme qui déterminent sa vie.*

MARC-AURÈLE

Attention à quoi vous pensez.

« *Le secret de la vie est
d'avoir une mission, une chose
à laquelle vous donnez tout...
Et le plus important,
c'est que ce soit une chose
totalement hors de portée.* »

HENRY MOORE

30

*N*ous sommes plus qu'un...

*T*ROUVER SA VOIE N'EST PAS TOUJOURS FACILE. SUR-
tout quand on nourrit plusieurs intérêts. Comment
choisir entre un métier ou un autre si le désir est là et
le talent, par surcroît?

Au Québec, au cours des dernières années, les
couteaux volaient bas entre comédiens, acteurs et
humoristes à propos de leurs métiers respectifs.
J'avoue avoir trouvé ce débat absolument ridicule et
dépassé. Pourquoi devrions-nous nous limiter à un
seul rôle quand la vie nous a donné plus d'un talent et
de la passion à revendre? Le but dans la vie est de se

réaliser en y trouvant du plaisir tout en rendant service à la collectivité.

Patrick Huard a commencé sa carrière comme humoriste mais il peut faire plus, parce que, comme vous et moi, il possède plus d'une corde à son arc: il peut jouer un rôle, écrire, produire et réaliser des films, pour notre plus grand bonheur. Il en est ainsi pour tant de gens, comme Laurent Ruquier, Stéphane Rousseau, Jean-Jacques Goldman, Guy A. Lepage, François Morency et tant d'autres!

C'est ce que j'entends par mon titre énigmatique: «Nous sommes plus qu'un...» Nous sommes plus qu'un seul rôle. Trop souvent, nous nous *bloquons*, nous restons cantonnés dans la perception que les autres ont de nous, à cause de nos croyances limitatives. Mais aussi parce que nous ne voulons pas créer de vagues dans notre entourage.

Posez-vous ces questions: «Est-ce que j'aimerais pratiquer un autre métier? Qu'est-ce qui me revient à l'esprit sans cesse et que j'ai envie de faire?» Notre espérance de vie est de 90 ans. Nous devrions nous renouveler, et plus d'une fois au cours de notre vie. Cela commence aujourd'hui en disant oui à tous les rôles que nous sommes appelés à occuper dans notre vie et que nous pouvons très bien jouer!

«*La santé dépend plus des précautions que des médecins.*»

BOSSUET

31

Parlez à votre rhume

EN HIVER, ON ENTEND TOUJOURS PLEIN DE GENS SE plaindre de leur rhume. Le simple fait d'en parler le nourrit, lui donne de l'importance! De toute façon, se plaindre est une perte de temps : 80 % des gens à qui nous en parlons se fichent carrément de ce qui nous arrive et les autres 20 % sont, pour ainsi dire, contents de nous savoir malades car, de toute façon, ils ne nous aiment pas vraiment.

Sérieusement, pour éviter qu'on ignore vos lamentations, il faut éviter d'en parler! Et avant tout, il faudrait savoir reconnaître un rhume! Très souvent, les gens disent qu'ils ont une grippe alors que c'est tout simplement un rhume qui les afflige. «Aaah! que la grippe est mauvaise, cette année!» J'entends dire depuis vingt ans que la grippe est mauvaise «c't'année»!

De toute façon, avec une grippe, on ne parle pas, on ne bouge même pas. On est couché et on fait de la fièvre. C'est du sérieux, une grippe. Et 80 % des fois où on se dit victime d'un rhume, il n'en est rien. C'est le corps qui est acidifié et qui se nettoie. La preuve? Savez-vous quand la fameuse *saison* des rhumes arrive? Pendant le temps des fêtes! Et c'est justement la période où nous mangeons plus, où nous buvons plus d'alcool et de café, et où nous faisons moins d'exercice. Ce sont tous des facteurs qui contribuent à augmenter notre taux d'acidité.

Et si, un bon matin, c'est un vrai rhume qui s'annonce avec un mal de gorge, eh bien, n'hésitez pas à lui parler à votre rhume: «Ah! monsieur s'essaye... n'est-ce pas? Tu vas voir qui de nous deux décide! Tu t'es trompé d'adresse, mon *chum*!»

Vous n'en parlez pas, vous n'y pensez même pas. Vous dormez, vous buvez, vous prenez votre jus et vos vitamines en vous disant que vous êtes en pleine forme et que demain... il ne restera plus rien. Vous riez et vous vous amusez. Rien que du positif. La maladie n'aime pas les gens heureux. Parlez à votre rhume!

« *C'est le devoir de chaque homme de rendre au monde au moins autant qu'il a reçu.* »

ALBERT EINSTEIN

32

*L*e bilan
de vos réalisations

*U*N DES MOMENTS LES PLUS SAVOUREUX DE L'ANNÉE est certes cette période où l'on fait l'inventaire de ses victoires personnelles et professionnelles. Afin de ne rien oublier, je vous suggère de prendre cinq feuilles ou de réserver cinq sections distinctes. Sur ces pages, écrivez le bilan de vos réalisations en regard des thèmes suivants:

1. votre carrière;

2. votre santé;

3. vos finances;

4. votre spiritualité; et

5. votre côté émotif, social.

Il s'agit d'apporter à votre bilan la même structure que celle du plan fait au début d'année. Si vous avez couché sur papier en janvier dernier vos objectifs et vos projets, voici donc le moment choisi pour ressortir ce plan et l'utiliser comme outil de validation. Vous remarquerez que cet exercice permet de relâcher une quantité de sérotonine dans votre organisme. Il s'agit en effet d'une raison de plus de vous sentir bien et de redonner à votre esprit et à votre organisme l'énergie positive nécessaire afin de faire votre bilan et d'entreprendre avec aisance et enthousiasme vos projets de l'année qui vient.

CÉLÉBRER SES VICTOIRES

Souvent négligée à cause de nos multiples obligations familiales et professionnelles, l'étape de la fête, afin de nous donner une tape dans le dos pour avoir remboursé une dette, perdu quelques kilos, développé une bonne habitude ou pris un certain risque, est aussi importante que n'importe quelle étape du processus.

Allez-y, félicitez-vous, fêtez, récompensez-vous pour cette mission accomplie! Votre esprit enregistrera que le travail et la discipline en valent la peine, puisqu'il existe une euphorie et un bien-être en bout de ligne.

SAVOIR ÊTRE RECONNAISSANT

Il y a de ces cadeaux de la vie sur lesquels nous n'avons pas toujours eu le contrôle. Tous les vainqueurs savent être reconnaissants de ce que la vie leur apporte : santé, amis extraordinaires, aide inespérée de dernière minute pendant un moment difficile de l'année, etc.

Apprenez, vous aussi, à savourer ce qui vous arrive d'heureux.

SAVOIR REDONNER ET CONTRIBUER

Partager ses richesses, son savoir, son temps, son amour pour la vie est l'un des gestes les plus bénéfiques pour soi-même comme pour autrui. Plus qu'un devoir, partager est une valeur à prioriser en raison de tous les bienfaits personnels qui s'y rattachent. Il est de mise de le faire simplement, mais surtout sincèrement. Un leader est un donneur.

Cette période de rédaction du bilan de nos réalisations devrait, à mon avis, se présenter chaque fin d'année au minimum, et de façon formelle. Une révision trimestrielle pourrait contribuer davantage à garder le cap. Et pourquoi ne pas développer le réflexe d'y procéder au fur et à mesure (chaque jour) dans notre journal de réussite ? C'est stimulant de boucler notre journée avec le sentiment d'avoir bien fait. Et personne ne le fera pour nous.

«Qu'est-ce que le bonheur sinon
l'accord vrai entre un homme
et l'existence qu'il mène?»

ALBERT CAMUS

33

Le paradoxe de nos vies

JE VOUS PROPOSE UN TEXTE, D'UN AUTEUR INCONNU, intitulé «Le paradoxe de nos vies», qui décrit un peu le genre de monde dans lequel nous vivons, celui que nous avons créé. Je vous le laisse en guise de réflexion afin de provoquer quelques changements importants.

Le paradoxe d'aujourd'hui est à volets multiples. On a la patience de construire de grands édifices, sans en avoir assez pour contrôler sa colère; on a des routes larges, mais des points de vue étroits.

On dépense plus, mais on possède moins; on achète plus de produits, mais on les apprécie moins. On habite des maisons plus grandes, alors que nos familles sont plus petites; on jouit de plus de commodités, mais on a moins de temps disponible.

On accumule plus de diplômes, mais on fait preuve de moins de logique, de moins de discernement. On a multiplié son avoir, mais on a diminué ses valeurs. La science permet de vivre plus longtemps, mais on a priorisé la quantité sur la qualité.

On a fait le voyage aller-retour jusqu'à la lune, mais on a de la difficulté à traverser la rue pour se présenter à son voisin. On nettoie l'environnement, mais on pollue son esprit; on gagne des revenus supérieurs, mais on a des morales bien inférieures et élastiques.

Voici l'époque des grands hommes, mais des petites personnalités; des gros profits, mais des petits esprits. Voici l'époque où on aspire à la paix mondiale, mais on soulève sans cesse des guerres domestiques; on jouit de plus de divertissement, mais on a moins de plaisir; on a accès à plus d'aliments, mais on a une moins bonne nutrition.

Voici l'époque des deux salaires, mais plus de divorces; des plus belles maisons, mais des foyers brisés.

*« Un pessimiste fait de
ses occasions des difficultés,
et un optimiste fait de
ses difficultés des occasions. »*

HARRY TRUMAN

34

Être optimiste peut vous sauver la vie

$\mathcal{U}$NE ÉTUDE RAPPORTE QUE LES GENS QUI ENCOURENT le blâme pour des événements négatifs et qui croient que les choses ne changeront pas risquent davantage de développer des maladies cardiaques que leurs pairs dont le point de vue est plus optimiste. On démontre même que les individus qui ont une manière pessimiste de comprendre les causes des événements de la vie sont plus enclins à contracter des maladies du cœur et à succomber à une crise cardiaque que ceux qui envisagent les conséquences de leurs malheurs en adoptant une attitude indiquant que les choses iront en s'améliorant.

On a également associé le pessimisme à des taux plus élevés de colère, d'anxiété et de dépression – ces émotions qui peuvent être des facteurs de risque de maladies cardiaques. Les optimistes ont tendance à mettre de l'avant un comportement social plus valorisant, une qualité qui, on s'en doutera, est liée à une meilleure santé. Les individus plus optimistes sont par ailleurs plus enclins à préférer des habitudes de vie plus saines, comme la pratique d'activités physiques. Plusieurs renoncent à leurs mauvais plis en buvant avec modération et en ne fumant pas. Les pessimistes, de leur côté, semblent encourir un risque accru de consommer plus de deux verres d'alcool par jour, un autre facteur nuisible à la santé.

Ces découvertes sont basées sur des informations recueillies auprès de 1 300 hommes de race blanche et en bonne santé, âgés de 21 à 80 ans, qui ont été suivis sur une période moyenne de dix ans. Les résultats suggèrent qu'une attitude plus optimiste nous protège des risques de maladies coronariennes et, ultimement, nous sauvera la vie!

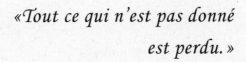

«*Tout ce qui n'est pas donné*
est perdu.»

MÈRE TERESA

35

Donnez
et vous recevrez

*E*N AFFAIRES OU DANS NOTRE VIE PERSONNELLE, NOUS avons tous été témoins du pouvoir et de l'impact de donner. La sensation sur notre âme est indéniablement bénéfique. Nous sommes tout à coup envahis d'une impression de plénitude et de paix. C'est difficile à décrire, mais la science médicale a probablement une façon plus approfondie d'expliquer cet état d'être.

En effet, il a été démontré que la personne gratifiée par un autre individu (ou par un groupe) d'un geste de reconnaissance, d'entraide ou de compassion verra son niveau de sérotonine[2] augmenter dans son organisme. De plus, il a été prouvé que la personne qui donne verra également son niveau de sérotonine augmenter!

Comme si ce n'était pas suffisant, toute personne qui observe la scène verra aussi le niveau de cette «drogue naturelle» stimuler son organisme! C'est plutôt renversant, n'est-ce pas? Voilà ce qui explique en partie la grande popularité des émissions de télévision nord-américaines où l'on voit des groupes de gens se mobiliser pour venir en aide à des personnes qui ont peu de ressources financières et qui sont aux prises avec un besoin urgent d'une résidence après un sinistre, de soins médicaux ou dentaires, etc.

Au-delà de ces sensations stimulantes de bonheur et de bien-être, donner peut avoir un impact encore plus concret sur notre vie personnelle et professionnelle. Nos mères et nos grands-mères nous ont répété que l'on récolte ce que l'on sème dans la vie. En voici un exemple éloquent.

Nous sommes à la fin du 19ᵉ siècle aux États-Unis. Un couple vivant à New York se trouve en visite à Philadelphie et tente de se dénicher une chambre d'hôtel, tard en fin de soirée. George, le directeur de nuit de l'Hôtel Bellevue (devenu plus tard Bellevue-Stratford et aujourd'hui Park Hyatt) où le couple tente de trouver refuge, appelle tous les hôtels de la ville, mais partout on affiche complet.

---

2. *Substance naturelle sécrétée par le corps humain donnant une sensation de bien-être, communément appelée drogue du bonheur.*

Résigné, le couple s'apprête à quitter l'établisse-
ment lorsque George accourt vers eux et leur
demande s'ils veulent passer la nuit dans la
modeste chambre, où il dort parfois quand il n'y a
pas trop de va-et-vient à la réception.

– *Ce n'est pas une suite royale, mais je m'en vou-*
  drais de vous laisser partir ainsi, sachant que
  vous devrez errer toute la nuit dans la ville avant
  votre départ pour New York, faute d'avoir un
  endroit où dormir. Je vous en prie, acceptez
  cette humble chambre, cela me ferait réellement
  plaisir. De toute façon, c'est tellement occupé
  que je n'aurai pas le temps de dormir, insista-t-il.

Après un moment d'hésitation, le couple accepte.
Le lendemain, en réglant la note, le type et son
épouse n'arrêtent pas de louanger ce directeur si
dévoué et désireux de rendre service.

– *Vous êtes exceptionnel, George. Nous vous*
  sommes énormément reconnaissants.

Le couple quitte et, deux années plus tard,
George reçoit une lettre de cet homme, le remer-
ciant encore une fois de son geste effectué à
l'époque. Toutefois, l'expéditeur a également pris
soin de glisser dans l'enveloppe un billet de trans-
port en train pour New York. George accepte
l'invitation. Le type, visiblement bien nanti, passe
le prendre à la gare dans une voiture luxueuse et
l'emmène sur la 5ᵉ Avenue à Manhattan, s'arrête
au bord de la rue et désigne vers la gauche un
imposant édifice de pierre.

– *George, vous voyez ce bâtiment?*

— *Oui, je le vois,* répondit le vaillant directeur de nuit.

— *Eh bien, c'est un hôtel, George, un nouvel hôtel que je viens de faire construire. Et j'aimerais que vous acceptiez de devenir le tout premier directeur général de cet hôtel qui portera mon nom. Il s'appellera le Waldorf-Astoria.*

George Charles Boldt (1851-1916) est devenu le premier directeur général de l'un des hôtels les plus prestigieux du monde, le Waldorf-Astoria à New York, et il le dirigera pendant vingt-huit ans. Il y est parvenu grâce à un simple geste de service enthousiaste et spontané.

George a su faire une différence. Et lorsque l'on fait une différence de façon authentique et sincère, que l'on contribue à changer les choses, on ne sait jamais de quelle façon cela peut faire une différence, autant pour les siens que pour soi.

Donnez et vous recevrez.

« *En vérité, vous ne devez rien à quiconque. Vous devez tout à tous.* »

KHALIL GIBRAN

36

La règle de trois

LORSQUE NOUS CHOISISSONS D'ENTREPRENDRE UN projet, de faire montre d'une nouvelle ambition ou de poursuivre un de nos rêves, notre réflexe est souvent d'en parler à notre entourage, à notre famille surtout. Comme moi, vous avez sûrement déjà entendu des commentaires décourageants et démotivants, tels que: «Es-tu bien certain que c'est une bonne idée?», «Ah, mais là, tu rêves en couleur...», «Il y en a d'autres qui ont essayé avant toi et ça n'a rien donné... Ils ont perdu de l'argent.»

Il m'a fallu des années pour comprendre et accepter que les gens autour de moi, souvent ceux et celles qui m'aimaient le plus, freinaient sans le savoir mes ambitions et nuisaient à l'accomplissement de ma destinée.

Alors, au lieu de me taire complètement, j'ai développé «la règle de trois». Lorsque je souhaite réaliser un rêve ou un but important, j'en parle à seulement trois personnes qui répondent à ces trois critères:

- elles ne jugeront pas mon projet ou mon idée;
- elles ne me jugeront pas;
- elles sauront me soutenir et m'encourager.

Le plus souvent, les trois personnes à qui vous pourrez librement communiquer vos rêves et vos ambitions seront des amis intimes qui sont devenus, au fil du temps, un peu comme des âmes sœurs. Il peut aussi s'agir de personnes avec qui vous avez une relation un peu plus détachée, comme un mentor, un accompagnateur, un entraîneur personnel ou un modèle. Ces gens ont tous un dénominateur commun: ils ont à cœur votre réussite et votre épanouissement personnel.

Alors, faites une liste de ces personnes clés et appliquez la règle de trois: vous serez davantage inspiré et motivé!

— ⬤ —

« Si vous pensez que vous êtes trop petit pour changer quoi que ce soit, essayez donc de dormir avec un moustique dans votre chambre. »

BETTY REESE

— ⬤ —

37

Le sentiment de petitesse

*T*OUS, VOUS CONNAISSEZ DES GENS QUI ÉPROUVENT UN malin plaisir, pour ne pas dire un plaisir pervers, à blesser autrui par des propos contrariants. Et ils finissent souvent leur phrase ainsi: «Mais non... c'était une blague.» Mais vous savez très bien que c'est ainsi qu'ils sont faits, qu'ils avaient la ferme intention de vous offenser, de vous vexer profondément. Ils cherchent à vous piquer au vif, à vous humilier en usant de commentaires réducteurs qui visent à vous faire sentir inférieur à ce que vous êtes vraiment.

Que peut-on dire de ces gens qui jugent et blessent les autres impunément? Et que dire de notre réaction à une telle situation?

D'abord, parlons de l'agresseur. Je me souviens d'une entrevue de Jay Leno avec Oprah Winfrey alors qu'elle était invitée au talk-show américain *The Tonight Show*. Ils parlaient de ces vedettes qui traitent les autres comme des ordures lorsque le rideau est baissé et les projecteurs éteints (tout finit par se savoir, de toute façon). Selon moi, Oprah a bien résumé la discussion par une simple phrase: «On peut juger les *grandes* personnes à leur façon de traiter les *petites* personnes.» Je crois que cela disait tout.

En fait, quelqu'un qui se sent réellement bien dans sa peau a-t-il besoin de faire sentir à son prochain à quel point l'autre est inférieur ou incompétent? On remarque plutôt le contraire. Les meilleures personnes, peu importe leur rang social ou leurs revenus, possèdent ce dénominateur commun: elles savent édifier les autres individus, surtout les plus anonymes et les plus fragiles.

Quelqu'un qui rabaisse une autre personne place cette dernière à «son propre niveau» à lui. La conséquence logique est donc que l'individu qui tend à invectiver ou à dévaloriser son prochain se sent forcément menacé par celui-ci. On ne cherche pas à rabaisser une personne moins «avantagée» que soi!

Ainsi, si cela vous arrive de nouveau d'être la victime de l'un de ces offenseurs qui tente simplement de soulager son sentiment de petitesse, au lieu de vous en offusquer, félicitez-vous: cet individu se sent «petit» par rapport à vous et, par conséquent, il vous voit plus «grand» que lui.

Une dernière chose en terminant : le sentiment que cela vous laisse (la colère, l'indifférence, l'isolement, la dépression) reflète votre estime personnelle. L'attaque elle-même n'est pas en cause, c'est plutôt votre propre sentiment par rapport à vous-même qui fait problème.

Allez régler cette sensation qui vous blesse en faisant abstraction de «qui tire sur qui».

« *S'il veut être en paix avec lui-même, un musicien doit faire de la musique, un peintre doit faire de la peinture, un poète doit écrire.* »

ABRAHAM MASLOW

38

L es leçons du Tigre

TOUT LE MONDE CONNAÎT TIGER WOODS! IL DOMINE son sport – le golf – comme cela ne s'est jamais vu et, à 32 ans en 2008, il est devenu le premier milliardaire du sport. Lorsqu'il se met en mode *turbo* durant un tournoi et se donne à fond, ses adversaires regardent à la télé ce qu'il fait au lieu de jouer!

Surnommés les «dominateurs», ces super-athlètes de la trempe de Martina Navratilova, Wayne Gretzky, Michael Jordan et Eldrick, dit Tiger Woods, ne se contentent pas de vous battre à plates coutures: ils s'arrangent même pour que vous vous *assommiez* vous-même.

Question de vous inspirer dans votre ascension vers des sommets personnels et collectifs, et ce, dans vos disciplines respectives, voici quelques secrets du Tigre selon d'autres *dominateurs.*

LE GÉNIE, C'EST 99 %
DE TRANSPIRATION

Le succès repose d'abord sur le travail. «Les pros ont tous du talent, dit la super-championne de tennis Martina Navratilova, mais Tiger Woods travaille plus dur que n'importe qui, et c'est pour cela qu'il démolit ses adversaires.» On connaît la manie de Tiger de frapper balle après balle jusqu'à la tombée de la nuit. Au début de l'année 2001, il disait qu'il se pratiquait déjà pour le Masters, qui aurait lieu seulement en avril. On ne le prenait pas au sérieux, jusqu'à ce qu'il remporte le Masters cette année-là, à l'âge de 21 ans.

LAISSEZ PANIQUER L'ADVERSAIRE

«Plus le match était important, plus j'étais calme», disait Wayne Gretzky, meilleur marqueur de l'histoire du hockey et quatre fois champion de la coupe Stanley. Les dominateurs s'arrangent pour profiter de la nervosité de l'adversaire.

IL NE SUFFIT PAS DE DOMINER,
IL FAUT INTIMIDER

Ce n'est pas par hasard que Tiger Woods enfile un tricot rouge le dimanche – dernier jour du tournoi – cherchant ainsi à intimider ses adversaires. Pour le battre, ces derniers doivent jouer de manière impeccable. Lui, il se contente de bien jouer. Lorsque les autres golfeurs finissent par commettre l'inévitable erreur, leur moral ne tarde pas à se détériorer...

PENSEZ À LA POSTÉRITÉ

Tiger Woods ne domine pas le circuit en remportant tous les tournois. Il convoite toutefois les quatre épreuves du Grand Chelem de golf. Il ne fait qu'aspirer à ces grands moments de gloire.

Vous avez beau être le meilleur joueur de foot (soccer), si vous n'avez jamais remporté la Coupe du Monde, comment se souviendra-t-on de vous? Michael Jordan, qui dominait le basketball se libéra enfin de toute cette pression et passa à l'histoire en remportant son premier championnat de fin de saison de la NBA avec les Bulls de Chicago.

NE SOYEZ JAMAIS SATISFAIT

Tiger Woods n'a jamais travaillé aussi fort que depuis sa victoire lors de son premier Tournoi des Maîtres en 1997. Il a compris qu'il n'atteindrait jamais le record de Jack Nicklaus, qui en a gagné six, s'il ne perfectionnait pas son jeu. Il a passé les dix-huit mois suivants à fignoler son élan en allant jusqu'à le changer complètement. Après quelques mois de recul, on connaît aujourd'hui les retombées. Un élan spectaculaire et de plus en plus contrôlé et précis.

Voyez comment vous pouvez utiliser ces façons d'être afin de réaliser le maximum de votre potentiel.

« *Le problème dans une course
de rats est que, même si vous
arrivez en tête, vous n'en
êtes pas moins un rat.* »

LILY TOMLIN

39

Nous comparer ou non

On me demande souvent s'il est bon de nous comparer. Je répondrais que cela dépend de l'intention derrière cette comparaison et de la raison d'être de cette dernière. Personnellement, j'ai toujours plus brillé dans une discipline que je pratiquais (sportive, scolaire ou professionnelle) avec des gens plus compétents, expérimentés et talentueux que moi. Vous avez sûrement vécu le même type d'expérience de votre côté. En fait, il est à peu près impossible de grandir si nous sommes entourés de gens qui se distinguent moins que nous.

Mis à part les surdoués dans leur domaine, comme Tiger Woods au golf, Alexander Ovechkin au hockey, Bill Gates et Warren Buffett en affaires, le commun des mortels a besoin d'être stimulé par plus grand que lui-même afin d'atteindre ses sommets personnels et d'accroître ses performances. De toute façon, même ces phénomènes de grande envergure ont des accompagnateurs et des conseillers qui savent monter pour eux la barre d'un cran, en temps et lieu.

Nous comparer à un modèle dans la discipline de notre choix, dans le but de nous en inspirer, s'avère très bénéfique, voire incontournable, en route vers la réussite. Un jeune golfeur professionnel en devenir pourrait avoir comme modèle Tiger Woods pour stimuler son développement professionnel, sans toutefois saboter son cheminement authentique ou sa propre identité de joueur.

Nous comparer à nos modèles devient un exercice de croissance. Il s'agit de beaucoup plus qu'une simple reconnaissance de notre état actuel ou d'une comparaison. C'est une inspiration à nous élever au-delà de notre propre *statu quo*, soit l'état actuel des choses, et à aspirer à un niveau supérieur.

Par contre, il est plus délicat de nous comparer littéralement aux autres, car notre orgueil se met de la partie. Il peut à l'occasion être un moteur pour nous. Cependant, il peut aussi nous jouer de mauvais tours et finir par nous épuiser. Nous avançons et il grossit. Nous avançons encore plus, il grossit encore plus vite et plus fort. Nous ne gagnons jamais et nous n'y gagnons jamais.

La plupart du temps, nous comparer revient, à la longue, à nous dévaloriser. Nous cherchons instinctivement les côtés plus forts chez les autres – nous

nous comparons rarement aux plus faibles que nous. Les gens qui se comparent souvent aux autres ont, la plupart du temps, une faible estime d'eux-mêmes. Du moins, ils sont plus fragiles que la moyenne sur cet aspect.

De façon générale, le combat doit se situer entre «vous» et «vous». Entre vos bonnes habitudes et vos mauvaises habitudes. Entre vos excuses et vos raisons. Entre vos pourquoi et vos comment. Entre vos désirs et vos besoins. Entre vos objectifs et le *statu quo*. Pas entre le voisin et vous. Vous subissez suffisamment de pression ainsi, pourquoi vous en mettre davantage sur les épaules? Et si celui ou celle à qui vous vous comparez avait moins de potentiel que vous? C'est donc dire que vous vous réduiriez. Alors, tentez le plus possible de mener votre combat à la bonne place. À vous de juger.

« L'imagination est plus importante que le savoir. »

ALBERT EINSTEIN

40

*L*e pouvoir
du plaisir anticipé

*P*EU IMPORTE L'OBJECTIF VISÉ, DEMEURER MOTIVÉ À
l'atteindre relève des motivations profondes qui nous
poussent à agir, mais aussi du plaisir anticipé d'arriver à ce résultat. Prenons, par exemple, l'objectif de
nous entraîner et de faire plus d'activité physique.

Une de mes amies s'entraîne tôt le matin avant
d'aller travailler. Son plaisir anticipé le plus important
avant même de quitter la maison est le café «de luxe»
qu'elle va s'offrir après son entraînement. Elle le
savoure déjà en se rendant au gym. Elle se permet ce

moment de plaisir seulement les jours où elle s'entraîne.

Nous pouvons aussi nous réjouir à l'avance du moment où nous reverrons peut-être d'autres membres que nous apprécions et qui s'entraînent à la même fréquence et aux mêmes heures que nous. En allant au gym, c'est peut-être l'ambiance positive et énergique que nous avons hâte de retrouver. Pour ma part, je pense à l'état de bien-être que me procure le fameux sauna après une séance intense d'exercice. Et que dire de la soirée que je passe détendu, à la maison, et de la nuit de sommeil profond qui s'ensuit!

Votre objectif à atteindre au boulot pourrait être ce sentiment de satisfaction ou cette victoire personnelle d'avoir eu le courage et la persévérance de vous rendre jusqu'à telle ou telle étape. Il s'agit peut-être de la reconnaissance de vos pairs, de la fierté que vous retrouverez dans les yeux de votre conjoint ou conjointe. Ou simplement, ce moment de récompense que vous avez choisi de vous offrir pour avoir atteint le sommet ou une nouvelle étape!

D'après mes observations, les gens qui réussissent le mieux à trouver et à garder leur motivation en tout sont ceux qui y trouvent du plaisir, directement ou indirectement. L'idée est donc d'apprendre à anticiper ces plaisirs associés aux différentes étapes, que ce soit pour un objectif de vente, d'affaires ou d'ordre tout à fait personnel. Sachez savourer à l'avance vos victoires. Elles seront plus faciles à atteindre et plus nombreuses.

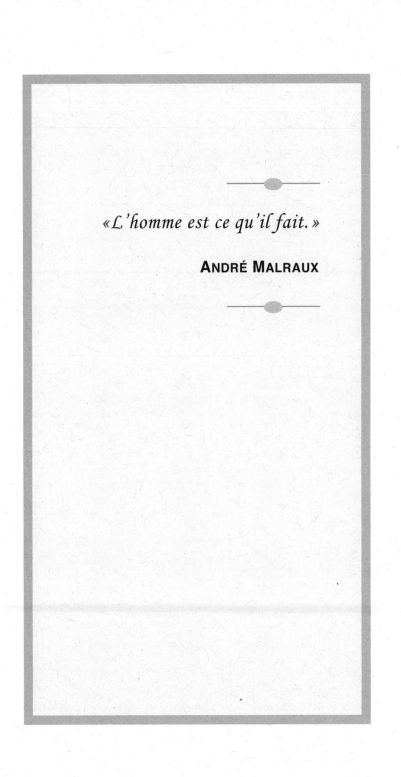

« *L'homme est ce qu'il fait.* »

ANDRÉ MALRAUX

41

L'engagement

NOUS ENTENDONS RÉGULIÈREMENT DES GENS SOUHAI-
ter devenir plus actifs, atteindre leur poids santé, cesser de fumer, épargner en vue d'un projet spécial, etc.
Mais il existe une énorme différence entre souhaiter et
décider d'agir. Vouloir que quelque chose se produise
ne le fera pas arriver. Atteindre un objectif exige une
décision ferme et nette. Et rien de mieux qu'un engagement envers autrui pour nous assurer de notre assiduité.

Nous engager envers quelqu'un, oui, mais pas
envers le premier venu. Il importe de faire part de
notre objectif et de notre décision à des gens qui ont
de l'importance pour nous. Des gens pour qui nous

éprouvons un sentiment de joie et d'épanouissement devant ce que nous jugeons supérieurement beau ou grand de leur part. Nos modèles et nos mentors, par exemple. Nous recherchons l'admiration de ceux qui suscitent cette impression en nous.

Voici un exemple de lettre d'engagement que vous pourriez rédiger.

Cher ami,

Ton amitié et ton soutien sont très importants pour moi. Par la présente, je choisis donc de te communiquer mon objectif de perdre 5 kilos. Pour ce faire, je m'engage à m'entraîner 3 fois par semaine et de suivre les conseils personnalisés d'une nutritionniste.

Grâce à cette réalisation, j'aurai une meilleure santé et je me sentirai mieux dans ma peau, surtout sur la plage pendant mes vacances au Maroc en janvier prochain! Je pèse actuellement 90 kilos et, compte tenu de mon engagement, je compte perdre ces 5 kilos d'ici le 31 décembre prochain. Je te communiquerai mon poids officiel, par courriel, chaque semaine d'ici là.

Ma santé a une valeur de plus en plus importante dans ma vie. Je suis heureux que tu en fasses partie et j'éprouve une grande joie de partager avec toi ce défi.

À très bientôt,
Marc André

Bien sûr, le meilleur engagement est celui que nous prenons envers nous-mêmes, et pour nous-mêmes d'abord. Pas avec notre conjoint ou conjointe, ni avec notre entraîneur ou même notre employeur. Notre engagement supplémentaire envers ces personnes rehausse tout simplement notre niveau de responsabilité vis-à-vis de notre objectif, d'où notre motivation accrue.

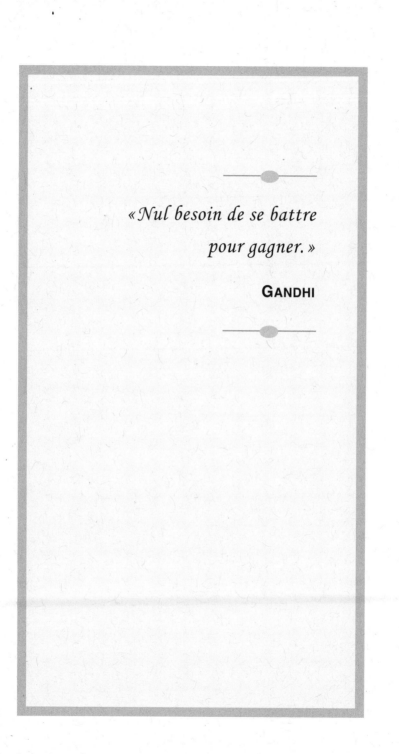

« *Nul besoin de se battre*

pour gagner. »

GANDHI

42

La grâce et l'effort

PUISER ET GARDER NOTRE MOTIVATION AFIN DE CHANGER quoi que ce soit dans notre vie, nos croyances, notre façon de penser, notre comportement, demeure et demeurera une aventure bien personnelle de transformation. Il arrive plus ou moins les mêmes choses à ceux qui réussissent qu'à ceux qui abandonnent. La différence est dans le degré de valeur que nous attribuons à notre démarche, suivant l'événement subi. Tout est dans l'interprétation de notre situation, en fonction de nos valeurs, de nos désirs et de notre nature propre. Et ainsi va notre motivation à devenir ou non une meilleure personne, à donner et devenir le meilleur de soi.

Notre démarche de transformation personnelle est comparable, selon moi, à l'envol d'un oiseau. Afin de mieux visualiser cette image, je vous suggère de penser à un canard sur l'eau. Alors qu'il se laisse porter sur l'eau, glissant avec aisance, arrive ce moment où il doit s'envoler. Je remarque toujours le même scénario en observant cette espèce qui prend son envol. Le départ semble toujours laborieux.

D'abord, le canard s'élance vers le haut afin de dégager de l'eau son ventre et ses ailes, il se met automatiquement à battre vigoureusement des ailes tout en utilisant le mieux possible ses pattes palmées. Son but est de prendre de plus en plus d'altitude. Il le fait en déployant beaucoup d'efforts afin de réussir à s'envoler à des dizaines de mètres d'altitude. Par contre, avez-vous remarqué qu'avec le temps, son envol se transforme en un vol, et plus il vole, plus il s'exécute avec grâce et moins il déploie d'énergie et d'effort? À un certain niveau, c'est 0 % d'effort et 100 % de résultat...

L'effort est temporaire, mais le résultat est permanent. À l'instar de ce canard prenant son envol, notre démarche de changer une habitude dans notre vie deviendra de moins en moins un effort, et de plus en plus un plaisir et un automatisme. Voilà un principe bien naturel et universel. Il n'en tient qu'à nous. Nous avons toujours le choix. Et, qui sait, peut-être deviendrons-nous aussi de plus en plus gracieux... et libres!

« *Dans le domaine des sciences,*
les erreurs précèdent toujours
la vérité. »

HORACE WALPOLE

43

Erreurs,
échecs et succès

EXISTE-T-IL UN LIEN ENTRE NOS ERREURS, NOS ÉCHECS et nos succès? Permettez-moi de vous raconter quelques anecdotes inspirantes qui sauront répondre de façon éloquente à cette question.

BON À S'EN LÉCHER LES DOIGTS

Voici comment l'adversité a propulsé un simple propriétaire de restaurant à la tête de l'un des plus importants réseaux de franchises au monde.

En 1956, la construction d'une nouvelle autoroute contraint Harland David Sanders à abandonner son commerce. La valeur de son café s'étant effondrée, il parvient tout juste à le revendre, lors d'une vente aux enchères, pour 75 000 $, somme avec laquelle il réussit à rembourser une partie de ses dettes. Ruiné, abattu, monsieur Sanders ne vit plus, à l'âge de 66 ans, qu'au crochet de la sécurité sociale, se contentant d'un chèque mensuel de 105 $ en plus de ses maigres économies.

N'ayant plus rien à perdre, il emporte avec lui sa recette de poulet frit et monte à bord de sa Ford 1946. Il part sillonner l'Amérique à la recherche de restaurants qui accepteraient de devenir franchisés. On raconte qu'il a du réessayer 1009 fois avant de convaincre un établissement d'investir dans sa recette. Son acharnement finit par payer et il se retrouve à la fin des années 1950 à la tête d'un empire de 400 restaurants franchisés. À la fois gérant et emblème de sa chaîne, le colonel se voit propulsé au rang de véritable icône de l'Amérique, apparaissant dans de nombreuses publicités PFK ou KFC et événements promotionnels de la chaîne. KFC n'aurait jamais vu le jour si le colonel n'avait pas subi d'échec ou fait face à l'adversité.

La naissance de géants

En 1978, Bernie Marcus, fils d'un pauvre ébéniste russe vivant à Newark, au New Jersey, a perdu son emploi chez Handy Dan, une quincaillerie à libre-service. Ce licenciement l'a poussé à s'associer avec Arthur Blank pour monter leur propre entreprise. En 1979, ils ont ouvert leur premier magasin à Atlanta, en

Géorgie. Au moment d'écrire ces lignes, The Home Depot compte pas moins de 760 magasins et plus de 157 000 employés; ses ventes annuelles dépassent les 30 milliards de dollars.

Et que dire de Tom Watson, fondateur de l'une des plus grandes entreprises du monde, IBM. Il était employé de NCR (National Cash Register) aux États-Unis. Ayant mal accepté son congédiement, il s'est dit qu'il se lancerait à son tour en affaires. Mais pour lui, être national n'était pas suffisant. Il préférait être «international». De plus, «Cash Register» était aussi trop petit et limité. Il s'attaquerait au marché des «Business Machines». Voilà l'étincelle derrière la naissance d'IBM (International Business Machines). Un sentiment d'échec et de frustration transformé en un empire qui aura servi des millions d'utilisateurs d'informatique dans le monde.

D'AUTRES SUCCÈS NÉS D'UNE ERREUR

Saviez-vous ...

- que Thomas Edison a découvert le phonographe par erreur, en tentant d'inventer quelque chose de totalement différent?

- que les Corn Flakes de Kellogg ont été créés après l'oubli de blé bouilli dans une casserole pendant toute une nuit?

- que le savon Ivory flottait – ce qui fut sa marque de commerce pendant de nombreuses années – parce qu'un lot de fabrication avait été laissé trop longtemps dans un mélangeur et qu'une trop grande quantité d'air s'y était incorporée?

- que les fameux essuie-tout, de marque Scott, sont nés parce qu'une machine à fabriquer du papier hygiénique a mis par erreur plusieurs couches de papier ensemble?

- que les inventeurs du célèbre Post-it Notes de 3M cherchaient une colle infaillible?

- que le Viagra de la compagnie pharmaceutique Pfizer est issu de recherches infructueuses sur un médicament pour les maladies du cœur?

Comme quoi, parfois, le succès prend des visages et des virages tout à fait inusités et imprévus. J'en tire cette leçon que nos erreurs, nos échecs et nos succès sont issus de la même famille. Nous sommes sans contredit destinés à réussir.

« *La chose importante à garder en tête est qu'il ne faut jamais attendre une minute pour commencer à changer le monde.* »

ANNE FRANK

44

*L*eçon du guerrier *M*andela

*N*ELSON MANDELA A ÉTÉ ÉLU PREMIER PRÉSIDENT NOIR de la République d'Afrique du Sud. En 1993, il recevait, conjointement avec le président sud-africain de l'époque, Frederik Willem de Klerk, le Prix Nobel de la paix pour leurs actions en faveur de la fin de l'apartheid et l'établissement de la démocratie dans le pays. Nelson Mandela est un véritable guerrier de la lumière.

Voici une anecdote tirée d'un article de Richard Stengel, paru le 21 juillet 2008 dans le magazine *Time*, intitulé « Huit leçons pour être un bon dirigeant » et qui représente bien le courage et l'humanisme de cet homme.

En 1994, Nelson Mandela effectua un voyage pour aller soutenir des partisans zoulous. Il se déplaçait en avion avec son personnel qui l'accompagnait partout. Alors qu'ils étaient dans les airs, un des moteurs de l'appareil tomba en panne, provoquant la panique à bord. De son côté, monsieur Mandela continua de lire tranquillement son journal comme s'il n'y avait pas lieu de s'inquiéter. En voyant leur leader garder son calme, toutes les personnes qui l'accompagnaient se ressaisirent. Le pilote réussit finalement à atterrir et tout le monde s'en sortit sain et sauf.

Lorsque Nelson Mandela monta ensuite dans sa voiture où l'attendait un journaliste, il lui avoua *tout de go* qu'il avait ressenti une des plus grandes peurs de sa vie. En réalité, qui n'aurait pas eu peur? Mais dans l'avion, le leader de l'ANC (Congrès national africain) savait que, s'il montrait des signes de peur, la terreur s'emparerait de tout le monde, ce qui envenimerait aussitôt les choses et inviterait la panique à s'installer. Il lui fallut donc absolument maîtriser cette angoisse à l'intérieur de lui et ne rien laisser transparaître à l'extérieur. Pour Mandela, le courage n'est pas l'absence de peur, mais bien plus la capacité de ne pas se laisser paralyser par elle. Ce faisant, on devient une sorte de «phare» pour les autres. Dans l'avion, en maîtrisant sa frayeur au point même de sembler impassible, il «libérait» les autres passagers des chaînes de leur propre peur.

En fait, ses longues années de militantisme anti-apartheid lui ont permis d'expérimenter ce principe à plusieurs reprises. En prison, notamment, il était très dangereux pour lui d'aller dans la cour tant la discrimination raciale était intense, haineuse et soulevait les passions. Mais il sortait quand même et marchait fièrement, la tête haute. Tous ses compagnons le voyaient faire – et étaient aussi terrorisés que lui – mais ils reprenaient alors courage, gardaient espoir et retrouvaient la force de croire que tout était possible, en le voyant traverser la cour «sans peur».

Investi de ce sentiment qu'il percevait avec autant de ferveur de la part des siens, Nelson Mandela était encouragé à son tour. Pourtant, le point de départ était toujours le même: le courage de surmonter sa propre peur.

Et voici d'ailleurs comment il l'exprimait:

«Notre peur la plus profonde n'est pas que nous ne soyons pas à la hauteur. Notre peur la plus profonde est que nous sommes puissants au-delà de toute limite. C'est notre propre lumière et non pas notre obscurité qui nous effraie le plus. Nous nous posons la question: Qui suis-je, moi, pour être brillant, talentueux et merveilleux? En fait, qui êtes-vous pour ne pas croire l'être? Vous êtes un enfant de Dieu. Vous restreindre et vivre petit ne rend pas service au monde. L'illumination n'est pas de vous rétrécir pour éviter d'insécuriser les autres. Nous sommes nés pour rendre manifeste la gloire de Dieu qui est en nous. Elle ne se trouve pas seulement chez quelques élus: elle est en chacun de nous, et au fur et à mesure que nous laissons briller notre propre lumière, nous donnons inconsciemment aux autres la permission de faire de même.

En nous libérant de notre peur, notre présence libère automatiquement les autres. »

En plus de recevoir ici une leçon de courage et une piste à suivre pour outrepasser les limites de nos peurs et de nos blocages, je découvre également dans ce message un thème qui me tient à cœur et qui me touche particulièrement : *nous sommes destinés à réussir.* Lorsque nous acceptons cette réalité, non seulement nous éclairons notre propre route en étant un phare, mais nous guidons aussi le chemin de ceux qui nous suivent et nous entourent en irradiant de cette lumière intérieure qui nous anime.

Ne perdez jamais courage !

« *De celui qui, dans la bataille,*
a vaincu mille milliers
d'hommes et de celui
qui s'est vaincu lui-même,
c'est ce dernier qui est
le plus grand vainqueur. »

BOUDDHA

45

*T*outes mes excuses

*C*ONSCIEMMENT OU INCONSCIEMMENT, NOUS NOUS SUB-
mergeons tous dans les excuses pour ne pas avoir
accompli ce que nous projetions ou, pire encore, pour
ne pas devenir ce que nous sommes censés devenir.

Pour la publication de son dernier ouvrage *Excuses Begone*, le fabuleux auteur et conférencier
Dr Wayne Dyer a lancé un sondage en ligne sur son
site Internet, qui a attiré 5 000 répondants. À la question : «Quelle est votre excuse pour ne pas avoir ou
être ce que vous voulez?», voici le top 18 des réponses obtenues, en ordre de fréquence. J'y vais de mes
commentaires personnels à chacune.

1. CE SERA DIFFICILE.
   La bonne vieille loi du moindre effort qui fait surface. L'être humain cherche, depuis son existence, soit à éviter la douleur (l'effort, dans ce cas-ci), soit à obtenir du plaisir (la paresse, les loisirs, l'inaction).

2. CE SERA TROP RISQUÉ.
   Que ce soit pour se lancer en affaire, changer d'emploi, déménager dans une autre ville ou pays, changer de conjoint... il y a toujours un risque. D'après mon expérience, la tolérance au risque et à l'insécurité se développe comme un muscle. Une étape à la fois.

3. ÇA PRENDRA BEAUCOUP DE TEMPS.
   Nous vivons à l'époque de la gratification instantanée : *Achetez maintenant, payez plus tard*. Pour un investissement, ça va, mais pour un bien de consommation, l'épicerie ou une relation amoureuse (les fameuses relations *mouchoirs... jetez après usage*), c'est la catastrophe! Les bonnes choses prennent du temps.

4. CELA CAUSERAIT UN DRAME FAMILIAL.
   Le principe de l'éteignoir et du cercle d'influence en puissance! *Éteignoir* parce que ces gens ne font que réduire ou éteindre vos ambitions et aspirations afin d'éviter de révéler leur propre médiocrité.

   Et «cercle d'influence» parce que vous avez la possibilité de choisir votre entourage. Voici une lecture que je vous recommande: *Jonathan Livingston, le goéland*, de Richard Bach.

5. JE NE LE MÉRITE PAS.
Vous m'avez entendu le dire ou vous l'avez lu dans mes écrits maintes fois: *l'estime de soi est un amplificateur ou un réducteur de réussite.* Il existe des tonnes de moyens pour augmenter son estime personnelle: régler son passé, parler en public, se concentrer sur ses forces et ses passions, côtoyer des gens qui sont des *cheerleaders* pour vous et vos projets, etc.

6. CE N'EST PAS DANS MA NATURE.
Selon moi, c'est la plus puissante et la plus insidieuse des excuses, très souvent inconsciente: «J'ai toujours su que je ne serai pas riche... je suis *fait de même*... j'ai tout essayé, y a rien à faire!» Le changement de pensée a été scientifiquement prouvé: nous pouvons changer la formule chimique des cellules malades dans notre corps, voire même l'ADN. Alors, arrêtez de penser et de dire que vous êtes *fait de même.*

7. JE NE PEUX PAS ME LE PERMETTRE.
Là-dessus, je vous référerais au point précédent, en plus de vous laisser sur cette parole de l'homme le plus riche des États-Unis à son époque, Andrew Carnegie: «L'argent n'est pas difficile à trouver. Ce qui est difficile à dénicher, ce sont les idées. Les bonnes idées précèdent toujours l'argent.»

8. PERSONNE NE VA M'AIDER.
Les gens qui ont réussi le plus cherchent plus que tout à transmettre leur savoir à ceux qui ont soif d'apprendre et d'accomplir. Demandez.

9. ÇA NE M'EST JAMAIS ARRIVÉ AVANT.
C'est vrai.

10. JE NE SUIS PAS ASSEZ FORT.
Voici ma citation préférée: «Commence par faire ce qui est nécessaire. Fais ensuite ce qui est possible. Et tu verras que tu accompliras l'impossible.» – Saint François d'Assise.

11. JE NE SUIS PAS ASSEZ INTELLIGENT.
C'est probablement un jugement défavorable de votre part dû à un manque de confiance en vous. Et si c'était vrai, vous n'avez qu'à faire comme moi et vous inspirer de l'ex-président des États-Unis George W. Bush! Il a aussi été à Harvard...

12. JE SUIS TROP VIEUX / TROP JEUNE.
Lisez ma chronique «Il n'est jamais trop tard» sur la page des archives de mon site Internet. Moi aussi, j'ai ce complexe-là, je l'avoue. Je suis constamment à la recherche de personnalités qui ont réussi sur le tard. Mais ce complexe vous passera en accumulant victoire sur victoire.

Pour l'excuse «trop jeune», observez les deux *propriétaires* de la planète en ce moment: Sergei Brin et Larry Page, cofondateurs de Google. Ils ont débuté leur entreprise à l'âge de 19 ans!

13. LES RÈGLEMENTS NE ME PERMETTRONT PAS...
Les règlements sont faits pour être outrepassés.

14. C'EST TROP GROS.

Vous connaissez le proverbe chinois: «Un périple de 1000 kilomètres se fait un pas à la fois.»

15. JE N'AI PAS L'ÉNERGIE.

Pas la santé? Allez voir un médecin. Pas d'énergie? Dépensez de l'énergie, c'est la seule façon d'en gagner.

16. MON HISTORIQUE FAMILIAL.

«On est tous gros dans notre famille... ma mère est pareille... c'est de famille...» Très puissant, ce système de croyances. Il faut changer notre façon de penser, quitte à choisir qui de notre famille nous allons continuer de côtoyer et d'avoir comme modèle. Chez moi, j'ai une photo de mon grand-père paternel et de ma grand-mère maternelle bien en vue – des modèles inspirants, sublimes. Sauf ma mère, aucune autre photographie d'un membre de ma famille immédiate n'est exposée...

17. JE SUIS TROP OCCUPÉ.

J'adore les gens occupés. Mes amis sont occupés. Mes clients sont occupés. Être occupé, c'est correct. Il faut juste mettre ses priorités au bon endroit.

18. J'AI PEUR.

Nous avons tous peur. C'est animal – et humain – d'avoir peur. La peur ne s'en ira probablement pas. Il faut apprendre à bien la ressentir, à la surmonter et à faire ce que nous avons à faire malgré elle. *Malgré...* c'est le mot clé. Voici une suggestion de lecture qui vous aidera: *Feel the fear and do it anyway*, de Susan Jeffers.

« *La vraie grandeur consiste à être maître de soi-même.* »

ALBERT EINSTEIN

46

L'ascension
des classes

SI VOUS ÊTES ABONNÉ À MON BULLETIN ÉLECTRONIQUE, c'est que vous aspirez à donner le meilleur de vous-même, mais aussi à obtenir le meilleur de ce que la vie a à offrir. Il est donc possible que vous ayez – ou avez eu – des rêves d'élever votre rang social. Par exemple, si vous êtes de la classe moyenne, vous êtes peut-être en cheminement vers une classe plus élevée. Et il est très peu probable que vous y arriviez.

Ce n'est pas une blague et ce n'est pas défaitiste. Car attention, je ne veux pas dire de simplement augmenter vos revenus et vos actifs. Connaître la misère pendant son enfance, son adolescence et sa vie de jeune adulte n'empêche pas que l'on puisse un jour devenir très aisé et vivre *loin* de son passé. Cependant, l'Histoire nous montre qu'un très grand nombre de personnes font le saut chaque jour, mais que l'ascension soutenue n'est réservée qu'à un groupe qui possède une fibre humaine rare et unique.

Les parents de Juliette dans l'œuvre de Shakespeare souhaitaient empêcher leur fille de poursuivre cette idylle avec le pauvre Roméo, non pas pour protéger leur fille, mais bien pour se protéger eux-mêmes. Et il est dans la nature de l'homme de monter la garde face au non-initié, question de conserver ses acquis et de poursuivre sa domination, le bas de l'espèce humaine, quoi!

Si vous avez lu le roman, ou vu le film, *Bonheur d'occasion* de Gabrielle Roy, vous vous souviendrez du personnage principal, cette jeune femme d'un quartier ouvrier francophone, Saint-Henri, qui rêve de quitter sa maison près de la voie ferrée pour une de ces demeures centenaires cossues dominant Montréal, à Westmount. Elle n'y parviendra jamais. Depuis mes 16 ans, l'âge auquel j'ai commencé à sillonner ces rues, faisant un avec mon vélo et mon éducation du nord-est de Montréal, je rêvais déjà de posséder une demeure dans ce quartier. Pour les mêmes millions de dollars, il serait préférable de m'en acheter une à Outremont ou à l'île des Sœurs. Pourquoi? Parce que ce n'est pas «moi». Je ne serai jamais un Westmountais, un Westmounter, devrais-je dire... Le comédien-animateur Normand Brathwaite a acheté une propriété dans ce quartier il y a quelques années. Mais il n'est pas et ne sera jamais un *Westmounter* non plus. Les premiers mois, les résidants appelaient la police pour se plaindre qu'un Noir rôdait dans le voisinage (...). L'inaccessibilité des classes supérieures peut être une question de race. Moins ici qu'en Afrique du Sud, par exemple, où les barrières sont présentement presque insurmontables. Dès le départ, ce qui fait principalement défaut, c'est la culture... l'é-d-u-c-a-t-i-o-n.

Il y a quinze ans, j'ai tombé amoureux d'une belle grande blonde que j'avais rencontrée alors que je passais des vacances en République dominicaine. Elle s'y trouvait en compagnie de ses parents, des Français d'origine russe, vivant à Montréal. À Outremont. Ça y est! J'avais trouvé ma porte d'entrée au paradis de la bourgeoisie dont je rêvais depuis mon adolescence! *Ouais...* sauf que leurs origines russes avaient un fond de noblesse. Ces gens avaient été foutus à la porte de la Russie par les communistes et s'étaient établis en France. La belle Laure, malgré son air d'ingénue et son amour pour moi, avait tout de même 75 % de sang royal. Roméo était foutu. Son papa, c'était legor de Saint-Hippolyte, de l'Hôtel des Encans. Malgré les politesses, je sentais que je n'étais pas vraiment le bienvenu. Je n'étais pas à l'aise non plus dans cette maison, avec toutes leurs façons différentes de vivre. Et Dieu sait que j'ai reçu une bonne éducation. Justement de la part de l'une de ces femmes qui aura réussi à se hisser une classe plus haute. Il s'agit de la deuxième femme de mon père, qui est arrivée à l'âge de 22 ans dans la maison – alors que j'en avais 14. Elle était déjà toute préparée. Elle avait ça en elle, la classe moyenne élevée. Plus même. Elle était, entre autres, plus mature et plus cultivée que mon père. Même si elle avait grandi à Saint-Étienne de Beauharnois avec son père et ses frères qui travaillaient dans le ciment, elle était d'un autre monde. Unilingue francophone, elle était allée à Toronto à l'âge de 15 ans pour faire le ménage dans une résidence privée. Pour une fille de Saint-Étienne, elle voyait déjà grand et fonçait. Elle m'a enseigné les manières à table, le vocabulaire supérieur, la fierté, la tenue vestimentaire et des goûts plus raffinés. Une femme d'exception, quoi! Mon père l'a aidée à se trouver un nid sur une branche plus haute que ce qu'elle avait connu, mais moins haute que ce qu'elle était. Vous me suivez?

On pourrait continuer. Mais l'important est de comprendre que l'ascension des classes se fait au niveau de l'éducation (parents, tuteur, mentor, environnement, soi) et de la culture. Mais c'est aussi une question de transformation personnelle, vers un état mental subtil mais profond. Comme le disait si bien l'écrivain Mark Twain: «On ne change pas une habitude en la balançant par la fenêtre, il faut lui faire descendre l'escalier marche par marche.» Commençons tout de suite, en nous rappelant que le mérite dans la vie n'est pas seulement de nous hisser plus haut que notre point de départ, mais d'en avoir aidé d'autres à se propulser encore plus haut que nous-mêmes.

« La vie est trop courte
pour qu'on soit pressé. »

Henry David Thoreau

47

Chaque chose
en son temps

$\mathcal{D}$ANS MON PREMIER LIVRE, *LA CINQUIÈME SAISON:* *réaliser sa destinée avec simplicité*, je fais un parallèle entre chaque dimension de l'être humain (spirituelle, émotive, physique, intellectuelle) et chacune des saisons qui s'y rattachent (hiver, printemps, été, automne), incluant tous les thèmes de réussite éprouvés tout au long des chapitres.

Au moment où j'écris ces lignes, nous serons au solstice d'été dans une semaine, et nous passerons officiellement à cette saison. Mais que veulent dire toutes ces saisons pour nous aujourd'hui? Nous ne sommes plus dépendants de la terre et des éléments comme autrefois! Une chose est certaine, en région urbaine occidentale, nous vivons à contre-courant des forces naturelles. Le printemps est la saison des semences. Qu'il s'agisse d'un projet, d'une idée, d'une affaire, du développement de la clientèle, d'une œuvre ou autre, il ne nous reste qu'une semaine pour mettre notre semence dans la terre... Or, habituellement, que sommes-nous tentés de faire au printemps? Sentir les roses et les lilas, admirer la nature qui se réveille et renaît, rêvasser au soleil, prendre de longues pauses, garder un œil sur les nouveaux modèles de jupes qui flottent et ondulent au vent... tout, sauf semer et travailler. Bien qu'il nous incombe d'être conscients et reconnaissants de l'abondance et de la beauté de la nature, notre rôle est de semer, question de rendre grâce à cette nature dont nous profitons – et continuerons de profiter.

C'est la même chose pour l'été. Pour la plupart d'entre nous, l'été est la saison des longues vacances et des heures écourtées au bureau. N'aimeriez-vous pas mieux ralentir en hiver, au retour des fêtes, alors que votre corps est saturé, que votre esprit est épuisé et que tout est gelé? Moi, oui. En fait, je trouve ardu de repartir la machine le 4 ou le 5 janvier. Très pénible. En fait, le corps n'est pas constitué pour faire ronronner les moteurs à haute révolution durant cette période. Pendant l'été, il l'est, par contre. C'est la période du labeur, de l'action, des mises en chantier, des excavations, des transformations. En juillet on travaille. On protège ses «investissements» du printemps. Et on s'assure de cueillir les fruits en automne.

Mais au-delà des saisons, il existe quatre périodes majeures dans notre vie. Il s'agit d'archétypes en psychologie analytique, un concept créé par Carl Jung, l'élève de Freud, à qui nous devons la base des tests psychométriques et toutes les découvertes sur l'ombre de l'homme et de ses *personae*, ses masques. En fait, un archétype désigne un symbole universel d'un type ou d'une personne qui sert de modèle idéal à un groupe.

1. ARCHÉTYPE DE L'ATHLÈTE
Durant sa jeunesse, l'homo sapiens est centré sur son corps, l'attirance, le charme, le sexe, la performance. C'est le culte du corps. De la puberté à la période de jeune adulte, la personne découvre son être et sa vie à travers son corps.

2. ARCHÉTYPE DU GUERRIER
Vient ensuite la phase de la vie où nous nous accouplons, nous procréons et nous devenons responsables de la survie d'une famille. Donc, nous nous mettons à travailler, à bûcher pour accumuler le plus de biens et d'argent possible afin de garantir le confort, la sécurité et l'épanouissement des nôtres.

3. ARCHÉTYPE DE L'ALTRUISTE
En anglais, nous l'appellons *Archetype of the Statesman*. Il s'agit de cette phase dans notre vie où, après avoir accumulé des biens et pensé surtout à nous-mêmes et à notre famille, nous commençons à donner aux autres plus de temps, de soins, de conseils et de ressources matérielles. Nous le constatons actuellement à grande échelle avec Bill Gates, Warren

Buffet, André Chagnon et Guy Laliberté, qui remettent une partie de leur fortune à des œuvres caritatives.

4. ARCHÉTYPE DE L'ESPRIT
La dernière phase, que très peu de gens atteignent, est celle de devenir entièrement détaché du monde matériel, d'en être dépouillé et de faire «un» avec son Dieu, la Source première.

Indépendamment de là où vous êtes actuellement, si vous ne retenez rien d'autre de ce texte, retenez au moins ceci: nous ne pouvons défier la nature. Autant celle qui nous définit individuellement que celle qui nous unit collectivement.

Lorsqu'une rivière submerge pendant trois mois ses anciennes berges, elle est peut-être en train de nous passer un message. Nous ne faisons pas une réceptionniste d'une comptable, et vice-versa. Et nous ne pouvons demander à notre équipe de donner le meilleur de son potentiel quand le corps ne cherche qu'à hiberner.

Pour les meilleurs résultats, chacun à sa place, chaque chose en son temps.

*« La difficulté n'est pas
de comprendre les idées
nouvelles, mais d'échapper
aux idées anciennes. »*

JOHN MAYNARD KEYNES

48

Pourquoi se « suicider »

CE N'EST PAS CE QUE VOUS PENSEZ, N'AYEZ CRAINTE. Mais une chose est certaine, individuellement ou collectivement, on ne peut grandir, progresser ou donner le meilleur de soi sans s'affranchir de soi-même.

Dans la mythologie, le phénix représente un oiseau fabuleux, doué d'une longévité exceptionnelle et caractérisé par son pouvoir de renaître après s'être consumé sous l'effet de sa propre chaleur. N'ayant pu se reproduire, le phénix, quand il sentait sa fin venir, construisait un nid de branches aromatiques et d'encens, y mettait le feu et se consumait. Des cendres de ce bûcher surgissait un nouveau phénix.

Sans pour autant avoir à vous consumer en entier, je vous invite à «suicider» des parties de vous-même. Faire de simples améliorations ici et là pour demeurer plus productif, mieux vous nourrir, avoir un meilleur équilibre de vie, donner un meilleur service à votre clientèle ou augmenter vos revenus, par exemple. Nous devons apprendre à désapprendre, à «tuer» ou à laisser mourir des parties désuètes de notre savoir-être et de notre savoir-faire.

Il y a quinze ans, après avoir rencontré une naturo-pathe, elle m'a recommandé de faire un jeûne de levure, pour régler un problème de *candida albicans,* disait-elle. «D'accord», ai-je répondu. Je devais alors éviter tout ce qui est blanc et que j'aime: du pain, des biscottes, des pâtes, etc. Ne vous fiez pas aux apparences, ce fut une des choses les plus difficiles pour moi. Je n'avais aucune idée à quel point il y en avait partout, et comment j'en étais *drogué.* Après une semaine, j'étais devenu obsédé. Je ne pensais qu'à cela et je me retenais. Elle m'avait dit: «On va affamer ton *candida* et on va le laisser mourir.» *Ouf... plus facile à dire qu'à faire.* Mais quelle sensation après quelques semaines, alors que j'étais maintenant sevré, libéré! Non seulement, j'avais perdu des kilos aux endroits qu'il faut, mais en plus, je me sentais revivre, plus léger, les idées plus claires et avec plus d'énergie.

À l'instar de cette condition organique, je vous encourage à «affamer» vos dépendances telles que passer trop de temps sur vos courriels le matin, repousser des tâches importantes, abuser de certains aliments trop salés ou trop sucrés, réagir comme votre père ou votre mère le faisait, attirer le même genre de conjoint(e), mentir, répéter le même cycle de carence financière, etc.

Nous sommes tous tributaires de nos croyances et de nos états subconscients. Et si nous ne réussissons pas à «tuer» ces dépendances qui nous empêchent d'être nous-mêmes et de profiter au maximum de ce que nous sommes, ce sont elles qui finiront par nous tuer.

« On ne balance pas une vieille habitude par la fenêtre, il faut lui faire descendre les escaliers marche par marche. »

MARK TWAIN

49

Les quatre passages obligés du changement

*D*ANS LE BUT DE VOUS AIDER À TRAVERSER LES NOM-
breux épisodes de changement que le monde du travail et la vie vous imposent, je vous présente ici les
quatre étapes (passages) que l'être humain traverse,
consciemment ou non, pour tout changement imposé
dans sa vie.

1. LE DÉNI
   À partir du moment où la haute direction d'une
   entreprise annonce les transformations qui
   s'en viennent, la première réaction du personnel est: «Mais voyons donc! Ce n'est pas

possible! C'est trop! Et ça va coûter la totale!
Ça ne se peut pas, ça n'arrivera pas!»

2. LA RÉSISTANCE
   Lorsque la réalité frappe, des semaines ou des
   mois plus tard, on vous déménage, on change
   votre bonne application que vous maîtrisez ou
   que avez même développée pour un logiciel
   totalement inconnu, on ajoute des fonctions
   pour lesquelles vous n'avez aucune compé-
   tence... vous figez, vous croisez les bras et
   vous grincez des dents la nuit en songeant à
   votre plan de carrière.

3. L'EXPLORATION
   Puis vient ce moment où durant la formation ou
   lors d'une discussion avec un collègue vous
   découvrez ce que ce changement peut apporter de positif. Et un autre, puis un autre...

4. L'ACCEPTATION
   Jusqu'à ce que vous adoptiez ce changement.
   Et ce, à un point tel que tout ce processus se
   répétera lorsque vous aurez trouvé encore
   mieux pour le système actuel.

* *

Le meilleur exemple personnel que je peux trouver pour illustrer ces quatre étapes inévitables du
changement est ce moment où, à la fin des années
quatre-vingt, mon employeur nous a annoncé, par
communiqués pendant des mois, que chacun des
employés serait doté d'un ordinateur personnel. À
cette époque, nous étions encore au télécopieur et à
la dactylo. De plus, un tel appareil prenait beaucoup

de place et coûtait très cher – environ huit mille dollars par unité. Pendant nos pauses-café, nous faisions le calcul et devenions de plus en plus sceptiques quant à la réalisation de ce projet, qui n'intéressait aucun d'entre nous (déni). Cette nouvelle était synonyme de travail additionnel, d'incertitude et d'egos blessés. Quelques mois plus tard, les boîtes nous attendaient, un lundi matin. C'était le début d'une catastrophe annoncée!

Pour ma part, il n'en était pas question; j'étais expert en marketing, pas en informatique. Je ne touchais même pas à cet appareil (résistance). Le patron nous a envoyés suivre la formation sur WordPerfect, Lotus, calendrier machin truc, *etc.* L'information entrait par une oreille et sortait par l'autre. Comme les autres, je n'avais rien à cirer de cette boîte de crabe – mon bon vieil agenda papier *Quo Vadis* faisait très bien le boulot. J'ai même lancé un défi à mon directeur: «Ça prend toute la place sur mon bureau, c'est laid, ça ne sert à rien. C'est l'ordinateur ou c'est moi!» Ce n'était pas une bonne stratégie de ma part. Le monstre devait rester, et moi aussi.

Mais après plusieurs semaines à le regarder, prenant la moitié de l'espace sur mon bureau, je me suis décidé à explorer ce qui se cachait derrière. J'ai commencé par faire ma comptabilité personnelle avec le chiffrier Lotus. Je me suis installé ensuite des petits logiciels pour imprimer des conneries pour mes affaires personnelles et, petit à petit, je m'en suis servi pour des lettres aux clients, des montages financiers beaucoup plus faciles et rapides à effectuer qu'avec la calculatrice et la gomme à effacer comme autrefois (exploration).

« Face au monde qui bouge,
il vaut mieux penser
le changement que changer
le pansement ! »

FRANCIS BLANCHE

50

Surfer sur le changement

*V*OICI UNE SÉRIE DE BOUÉES DE SURVIE POUR VOUS aider personnellement à faciliter le changement dans votre organisation ou dans votre vie privée.

1. RECONNAÎTRE ET APPRÉCIER
   NOTRE CAPACITÉ D'ADAPTATION
   Chaque jour, des milliers d'espèces vivantes disparaissent à jamais de la planète. Depuis des millénaires, et malgré que l'homme soit démuni pour faire face aux éléments et aux autres prédateurs sur cette Terre, l'espèce

humaine a survécu grâce à deux éléments principaux : sa capacité d'adaptation et son esprit de communauté.

2. VOYAGER LÉGER

Faire face à un changement peut facilement ressembler à l'ascension d'une montagne. Aucun d'entre nous n'aurait l'idée de grimper avec un sac à dos le plus lourd possible. Toutefois, c'est ce que nous faisons trop souvent. Que ce soit de vieilles histoires non réglées avec un collègue, un employeur ou un membre de la famille, des deuils non faits avec une partie de nos ambitions, de vieilles croyances limitatives ou une attitude négative tout simplement, nous devons faire le vide au fur et à mesure. Sinon, nous serons immobilisés à jamais. Et. selon les lois de la nature, stagner, c'est se suicider.

3. SE RETIRER PSYCHOLOGIQUEMENT

La qualité première des gens les plus heureux et qui ont les meilleures vies est leur capacité d'être «présents» dans l'ici et maintenant. C'est une des tâches les plus difficiles à vivre avec les dépendances que nous avons tous développées, que ce soit auprès de nos appareils mobiles, des courriels qui entrent, des télés en marche accrochées dans tous les espaces publics visités, etc. Développer la capacité de nous détacher psychologiquement des événements survenus aujourd'hui au travail pour être 100 % disponibles le soir afin de passer du temps auprès de nos enfants et de notre conjoint – sans oublier le vide mental

lorsque la tête touche l'oreiller – est assurément une bouée de survie sans équivoque
dans un monde en perpétuelle transformation.

4. SE RETIRER PHYSIQUEMENT
Cette bouée de survie est naturellement reliée
à la précédente. Il n'y a rien comme une
pause, un congé, des vacances pour réussir à
garder la tête hors de l'eau. La pause du lunch
est primordiale. Ceux qui passent leur temps
devant leur écran, assis à leur bureau pour
manger seuls le midi, sont 60 % moins produc-
tifs et cinq fois plus à risque de souffrir d'épuisement professionnel. Nous avons besoin de
toutes nos énergies pour traverser vents et
marées liés au changement, alors il vaut mieux
séparer les espaces et ne pas oublier de bouger le soir et pendant les week-ends. Il est
impossible d'évacuer le stress et les toxines
sans faire d'exercice.

5. APPRENDRE À ÊTRE CONFORTABLE
AVEC L'INCONFORTABLE
Le problème, ce n'est pas le changement. Si je
gagne douze millions à la loterie, c'est un gros
changement pour moi. Mais c'est positif.
Pourquoi? Parce que je continue à faire ce que
je faisais auparavant et à avoir ce que j'avais.
Seulement, c'est en meilleure et en plus
grande quantité, selon ce que je choisis. L'être
humain n'aime pas perdre son «connu». Nous
ne nous retrouvons plus comme individus.
Nous nous sentons «perdus», et nous ne sommes plus «nous-mêmes». Mais cette étape
d'inconfort est temporaire. Pensez à tout chan-

gement désagréable dans le passé (nouvel emploi, maison, relations, ordinateur, cellulaire, etc.) et aujourd'hui c'est devenu «vous-même», comme une seconde nature. Le seul prix à payer pour le changement est l'inconfort temporaire. Et un petit coup à notre ego.

6. SAVOIR ÉCRASER SON ORANGE

La métaphore d'écraser une orange est liée au fait de savoir gérer ses émotions. Le fruit ne tombe jamais bien loin de l'arbre. En conférence, je demande au groupe s'il est possible de dire quelque chose à un collègue, qui provoquerait chez lui de la colère, alors que chez un autre... il ne se passe rien. Il rit, par exemple. Possible ou non? C'est très possible. Or, qu'en est-il du scénario où je dis la même chose à la même personne mais à deux moments différents? Puis-je avoir deux réactions différentes? Tout à fait. Donc, la colère d'une personne n'a rien à voir avec ce que je dis ou ce que je fais. S'il sort du jus d'orange de l'orange, c'est parce que c'est ce qu'il y a à l'intérieur. Si le changement crée de la colère en moi, le problème n'est pas le changement, mais ma colère.

7. FAIRE DES LIENS ENTRE L'ANCIENNE ET LA NOUVELLE FAÇON

L'être humain ne craint pas le changement, il craint de perdre ce qu'il connaît. Lorsque l'ordinateur est arrivé sur le bureau de ceux et celles qui n'avaient connu que la dactylo, ces gens ont tout d'abord été effrayés par cet écran qui semblait tout garder à l'intérieur. Un genre de «prison lumineuse» pour plusieurs. Jusqu'à ce qu'ils fassent les liens conscients – et inconscients – entre leur appareil désuet et l'informatique: le même clavier QWERTY ou AZERTY, les touches «arrière» et «supprimer» remplaçaient le correcteur liquide. Le déplacement du curseur avec les flèches – et ensuite la souris – a remplacé les doigts et le rouleau, et ainsi de suite.

8. IDENTIFIER ET APPRÉCIER DES AVANTAGES PERSONNELS
Une étape toute naturelle et extrêmement importante est celle où l'on découvre et apprécie les avantages de la nouvelle manière de faire. Dans l'exemple précédent, les taches de correcteur disparues, l'édition rendue plus simple et efficace, la réduction du gaspillage d'encre et de papier, un résultat plus professionnel – malgré les résistances – ont fait rapidement adopter le traitement de texte électronique. Parfois, je conviens qu'il est nécessaire de creuser un peu pour trouver des avantages (ou bienfaits) personnels. Et c'est ce que je vous suggère de faire. Prenez un cas en particulier et inscrivez-le au haut d'une feuille (par exemple: nouveau système informatique, fusion, nouveau patron, etc.) et énumérez-en les avantages pour vous (nouvelles compétences, possibilité de promotion, meilleure valeur sur le marché, nouvelles rencontres, productivité accrue, etc.).

9. CHANGER SES HABITUDES...
   PROGRESSIVEMENT

Le célèbre écrivain Mark Twain disait: «On ne balance pas une habitude par la fenêtre, il faut lui faire descendre les escaliers, marche par marche.» Il n'a jamais dit aussi vrai. Plus de cent ans après cette citation, la communauté scientifique vient tout juste de statuer entre la méthode «à froid» (*Cold Turkey*) pour un sevrage ou la traditionnelle méthode «par étapes». On dit que 80 % de la population répond mieux à cette dernière forme pour changer une habitude ou un comportement. Certains peuvent effectivement tourner le dos à la cigarette du jour au lendemain, mais c'est très rare. En fait, il s'agit d'un suicide organisationnel que de remplacer d'un coup les vieux équipements par des nouveaux, des anciennes méthodes par des nouvelles, une ancienne équipe par une nouvelle. L'employé comme l'employeur doivent y aller... étape par étape.

10. PRENDRE LA RESPONSABILITÉ
    DE SES RÉSULTATS

Ce que je veux dire ici, c'est que si cette période de changement se passe bien, c'est grâce à moi. Et le contraire est aussi vrai. Ce n'est pas parce que les choses vont mal que je suis obligé d'aller mal aussi. Il faut se le rappeler.

Pour ceux qui m'ont déjà vu en conférence, vous vous souvenez peut-être de cet exercice où je vous demandais quelles étaient les qualités requises pour réussir dans votre travail.

Au tableau, je notais vos réponses sur le triangle : savoir, savoir-faire ou savoir-être. Peu importe où sur la planète ou avec qui je fais cet exercice, en moyenne 85 % de votre réussite vient de ce que vous êtes ou choisissez d'être, donc de votre attitude. C'est votre choix si les choses se passent bien pour vous ou non.

11. APPRENDRE À DEMANDER DE L'AIDE

Celle-là a failli me coûter la vie, littéralement. C'est surtout le propre des hommes de faire l'autruche quand ils souffrent, question d'éducation, de croyance ou de biologie, simplement. Quoi qu'il en soit, il y a un moment où il est temps de mettre son ego de côté, de tout lâcher et de demander de l'aide. En fait, les probabilités sont que, à ce moment-là, il soit déjà tard. L'aide, c'est comme les vacances : c'est toujours mieux de les prendre avant d'en avoir besoin. Donc, que ce soit au niveau technique sur un projet, une question de santé ou de manque de compétences, on vous respectera davantage si vous demandez de l'aide que si vous avancez comme un soldat, fier et sympathique, cachant des vis sur le point de tomber.

12. SAVOIR DIRE NON

Plus facile à dire qu'à faire, surtout s'il s'agit du *boss* ! Cependant, c'est tout à fait réalisable. Alors que l'entreprise pour laquelle je travaillais comme formateur, il y a quatorze ans, était en croissance fulgurante et en changements constants, la demande pour de la formation à travers le pays était folle. Passionné, désirant bien faire et plaire, je disais oui à tout, partout, entre Vancouver et Québec. Et je suis tombé de haut, complètement épuisé. J'y ai laissé beaucoup côté santé, revenus et confiance. *Never again!* J'ai appris à dire NON.

13. METTRE SON EGO DE CÔTÉ

Après le deuil de nos vieilles habitudes, ce qui est blessé le plus, c'est notre ego: prendre les choses de façon personnelle, avoir peur de perdre la face, refuser de demander de l'aide, réagir de façon émotive, développer un esprit de vengeance, perdre son sens propre, son identité, parce qu'on nous retire ce à quoi nous nous identifiions depuis des années, etc. Je vous suggère de faire un inventaire personnel complet de ce qui vous irrite ou vous blesse et de retourner à la source. Un deuil est de nouveau nécessaire. Vous devez principalement compartimenter ce que vous êtes et ce que vous faites. Votre emploi est seulement un emploi...

14. IMITER LE SAULE, PAS LE CHÊNE

À la suite de la super tempête de verglas en 1998, 75 % des érables et des chênes matures dans mon quartier ont été détruits. À trois cents mètres de chez moi, il existe un petit parc superbe – où Tommy-le-chien m'emmène marcher – avec dix-sept saules pleureurs bicentenaires autour d'un étang. Ils sont majestueux. Le paysage est féerique. Et ils y sont toujours, treize années après la crise du verglas. Contrairement aux autres arbres, c'est leur souplesse qui les a sauvés. Nous croyons

souvent à tort qu'être souples veut dire être faibles. C'est faux. C'est lorsque nous résistons
trop au changement que nous risquons de cra-
quer, de casser.

15. DÉVELOPPER UN ESPRIT DE COLLABORATION
Malgré tous nos talents et notre passion pour
notre travail, nous n'y arriverons pas seuls. À
travers les millénaires et les innombrables
changements et transformations, nous avons
survécu en tant qu'espèce humaine grâce à
deux choses: notre capacité d'adaptation et
notre esprit de communauté. Un des grands
dangers qui nous guettent actuellement pendant ces périodes délicates de changement,
c'est nos servitudes à notre intimité dans notre
cubicule, notre refuge de courriels et de mes-
sagerie vocale.

16. EXERCEZ UN RÔLE QUI VOUS RESSEMBLE
ET QUE VOUS AIMEZ
Impossible de donner le meilleur de vous-
même, surtout lors d'une traversée du désert
si, à l'instar d'un saumon, vous nagez à contre-
courant. Êtes-vous à la bonne place? Un chanteur, ça chante; un dirigeant, ça dirige; une
comptable, ça compte; et ainsi de suite. Ce
n'est pas parce que c'est écrit «chef» sur votre
carte professionnelle que cela fait de vous un
ou une «chef».
Ce rôle qui est le nôtre est habituellement celui
que nous aimons le plus pratiquer. Il est plus
facile de traverser une période de changement
si nous n'avons pas à composer avec le stress

de porter un masque ou de jouer un rôle qui n'est pas le nôtre.

17. RIEZ-EN!

L'adaptation au changement, c'est temporaire, de toute façon!

« Je ne me décourage pas, car toute tentative infructueuse qu'on laisse derrière soi constitue un autre pas en avant. »

EDISON

51

Le succès a le front qui perle

*D*URANT MON ADOLESCENCE, J'AI ENTENDU MON PÈRE me répéter sans cesse que le succès ne venait avant le travail que dans le dictionnaire et que je devais travailler – toujours travailler – pour réussir! Il me cassait les... chooooses... vous savez!

Si ce n'était de sa maladie d'Alzheimer – qui a beaucoup progressé au cours des derniers mois, au point où il ne reconnaît plus personne – je lui montrerais tous les livres qu'on publie en ce moment et qui sont des *best-sellers* internationaux (*Les prodiges, Le talent ne suffit jamais,* etc.), publiés par les plus grandes maisons et écrits par les plus grands auteurs, dont Malcolm Gladwel, John Maxwell et autres. Et je lui montrerais les résultats de cette étude de l'Université Carleton d'Ottawa, diffusée en juin 2010 dans les médias canadiens.

Elle rapporte que les Canadiens croient que le fait de travailler fort et avoir de l'ambition a plus d'impact que notre origine ethnique, notre sexe et nos contacts lorsqu'il s'agit de cheminer vers les sommets. Et ce, peu importe la province dans laquelle vivent les répondants, les résultats ne bougent pas, quel que soit le groupe d'âge. Le critère numéro un semble être l'ambition (81,5 %), suivi de très près par le travail (80,7 %). Sur le plan de l'éducation, son importance varie d'est en ouest. En effet, pendant que les Canadiens croient à 75,3 % que jouir d'une bonne éducation contribuera à leurs réussites, ces chiffres s'effondrent au Québec (63,3 %) et explosent dans le riche Ouest canadien (83,5 %).

Cette étude du Centre de sondages de l'Université Carleton est basée sur un sondage effectué auprès de 420 répondants entre septembre 2009 et février 2010. Les résultats sont précis selon un écart de 5,9 %, dix-neuf fois sur vingt.

Un soir de la veille du jour de l'An, mon ami André m'a lancé cette phrase qui résonne encore dans ma tête: «Faut que ça fasse mal.» Nous parlions de notre vie actuelle en général, plus particulièrement de notre condition physique en milieu de quarantaine – un sujet chaud d'actualité à la fin de la période des fêtes.

En Occident, nous vivons dans un monde de gratification instantanée. Nous voulons tout, tout de suite! Et sans effort. Nous avons le crédit facile – les Canadiens ont un taux d'endettement de 140 %, nous nous lançons dans des relations amoureuses de type *Kleenex,* que nous jetons aussi rapidement que nous prenons. Nos foyers débordent de télécommandes et d'appareils nous facilitant la vie. C'est la loi du moindre effort pour toutes les générations suivant celles des vétérans et des boomers.

Cependant, pour avoir quelque chose qui a le moindrement de la valeur dans notre vie ou pour réaliser notre plein potentiel, il y a un prix à payer. Ce prix, c'est l'effort. Plus que du talent, des connaissances, du savoir-faire et des contacts, l'excellence naît de l'effort. Rien n'arrive sans rien. Il faut *travailler.* C'est un besoin – et dans la nature – de l'homme. Il s'agit non seulement d'un fait à accepter mais aussi d'une réalité à apprécier.

Comme me l'a dit Francis, mon entraîneur personnel: «Tu dois apprendre à l'aimer, cette douleur-là, Marc André...» C'est un fait, il est très difficile d'éveiller et de maintenir en nous la motivation à accomplir quelque chose qui requiert un effort si nous anticipons négativement ces périodes.

Au-delà des résultats, se réaliser pleinement et donner le meilleur de soi-même ont un dénominateur commun tenant de l'effort: 10 000 heures. En effet, il est prouvé scientifiquement que, afin d'atteindre la maîtrise d'une discipline quelconque, nous avons besoin d'investir 10 000 heures dans ce domaine précis. Que vous soyez gestionnaire, adjoint, vendeur, conseiller, entrepreneur, avocat, ingénieur ou quoi que ce soit d'autre, le premier prix à payer pour devenir le meilleur dans ce que vous faites, c'est le travail, le travail ciblé.

Quand une situation nous fait mal et que nous ne l'avons pas choisie, on nous répète que cela nous rend plus fort. C'est un fait, une rupture amoureuse, le deuil d'un être cher, la perte d'un emploi, un changement organisationnel difficile, un accident, ces événements extérieurs auront toujours le même effet: faire de nous une meilleure personne... plus sereine, plus humaine, plus forte! On ne s'en sort pas: on n'a rien pour rien, et le succès a le front qui perle.

Pour bien faire les choses et grandir, comme dirait mon ami André: «Il faut que ça fasse mal!»

« *C'est justement la possibilité de réaliser un rêve qui rend la vie intéressante.* »

PAULO COELHO

52

Réaliser un rêve

LE PLUS GRAND RÊVE QUE J'AI RÉALISÉ EST DE poursuivre ma passion pour la communication, devenir conférencier, tout en faisant rire mon auditoire depuis la scène. Écrire et publier un livre arrive deuxième. Mon top 3 s'est réalisé à Niagara, dans l'État de New York, le 8 octobre 2011, dans la loge de mon artiste préféré, Gino Vannelli.

LE TERROIR

C'est à l'âge de 13 ans que j'ai entendu la première fois la musique de Gino Vannelli. Mon père et sa nouvelle conjointe de 22 ans écoutait son nouvel album à tue-tête tard le soir. Ça me tombait tellement

sur les nerfs que j'ai eu le fantasme de saboter le système de son en leur absence. Mais, six mois plus tard,
l'inverse s'est produit. J'étais dorénavant contaminé.
J'étais même au Forum en bas de la scène alors que
Gino était au faîte de sa carrière! Voilà donc trente-
deux ans que j'écoute sa musique avant celle de quiconque.

Les seuls albums en vinyle que j'ai conservés sont
les siens. Lors de son retour en 1985, alors que je
n'avais que quelques dizaines de dollars d'argent de
poche, j'ai acheté tous les albums que j'ai pu pour les
donner en cadeau à des amis. J'étais un vrai
«contaminant» Gino Vannelli. Depuis vingt-six ans
que je rêvais de le rencontrer.

La semence

En 2009, en refaisant mon tableau des rêves,
accroché bien en vue dans mon bureau, j'ai découpé
et collé une image du dernier album de Gino Vannelli,
– au milieu de ces autres images de maison nordique
cubique ultra vitrée dont je rêve, de futurs voyages
autour du monde, de belles personnes à connaître
dans ma vie, de la joie, de la santé, de bagnoles
superbes et de meilleurs vins – pour me rappeler mon
objectif de rencontrer un jour ce chanteur. C'était écrit
noir sur blanc sur ma liste de choses à faire avant de
mourir (mon *bucket list*) depuis l'an dernier. Et j'en
parlais avec conviction.

L'effet de synchronicité

À l'été 2011, alors que je cherchais à commander
le dernier album souvenir de Gino Vannelli, je suis allé

sur son site Internet, croyant (à tort) que cette édition spéciale n'était pas disponible chez nous. C'est à ce moment-là que j'ai vu une publicité annonçant une croisière avec lui en décembre 2011. Je fus choqué d'apprendre cela seulement par hasard. J'ai aussitôt appelé l'agence de voyage en question, mais comme il était passé 17 heures, j'ai dû laisser un message. C'est le propriétaire de l'agence qui m'a rappelé un peu avant 18 heures.

Non seulement je voulais m'inscrire à cette croisière, mais – déformation professionnelle oblige – le questionner aussi sur sa stratégie de communication. Finalement, nous avons passé plus d'une heure à nous raconter nos histoires respectives dans l'univers Vannelli au cours de notre adolescence, lui à Toronto, moi à Montréal, la ville natale de la famille Vannelli.

Je lui ai proposé de traduire ses pubs en français afin de ne pas laisser de côté la banque de fans francophones du monde entier. Je lui ai parlé d'une lettre que j'avais envoyée à Gino l'année précédente et qui m'était revenue, car je n'avais pas la bonne adresse. J'ai aimé sa réponse: «Laissez-moi en parler à Ross (le frère de Gino, son manager et son partenaire depuis le début) et je vous reviens.» Le lendemain j'avais l'adresse courriel de Ross Vannelli.

C'est un peu comme si vous étiez un méga fan des Beatles et que, en 1967, on vous donnait l'adresse courriel de leur gérant.

La période de gestation

Aussitôt, j'ai envoyé à Ross Vannelli ma lettre destinée à Gino. Trois jours plus tard, Ross me répond en me demandant de l'appeler chez lui à Los Angeles dès que j'aurais du temps. Je montais d'un cran chaque fois, un nuage à la fois. C'était surréel. Et voici la suite

**

Je l'appelle donc un dimanche soir. Nous avons «jasé» pendant plus d'une heure. Il avait lu ma lettre et n'en revenait pas que j'aie survécu à un *crash* de la route en m'étant endormi après avoir passé une nuit à rouler après un show de Gino en 1990. Au début, on a parlé de leurs tournées, de business, de la vie qui est bonne, des Américains, de notre ville natale, Anjou. Je venais de parler et de rire avec celui qui a écrit le plus gros hit de son frère : *I Just Wanna Stop*. Je me souviens d'avoir descendu maladroitement les escaliers de la mezzanine où est mon bureau, avec cette impression de vertige lorsqu'on s'approche du vide, mais aussi du but. Je sentais que la vie ne reculerait pas maintenant que toutes les graines étaient bien écloses sous terre, et que le temps et le focus feraient le reste.

De fait, le lendemain je reçois un courriel de Ross, m'invitant à aller voir Gino en spectacle à Niagara, deux mois avant la croisière. *C'est là que ça va se passer.* Je ne voulais pas vendre la peau de l'ours avant de l'avoir tué, mais j'avoue que je suis devenu comme un guerrier, avec une concentration imperturbable et je gardais les deux yeux fixés sur la balle. Du coup, j'ai pensé à mon bon ami de l'université Ghislain, qui est fan de Gino depuis aussi longtemps que moi : «Embarques-tu?», que je lui demande. Comme je sais que, avec sa famille, la croisière était hors de question pour lui, c'était sa chance de le rencontrer. Et j'avais envie de vivre ce moment avec lui, un ami fidèle et le meilleur gars du monde!

LA RÉCOLTE

Avant le spectacle, j'appelle Ross sur son cellulaire. Il est dans la loge. «As-tu eu mes billets?» «Oui, oui, merci!» «Je descends sous peu, viens me trouver, je suis habillé en noir.» Je le croise pendant qu'une de ses cousines est en train de lui offrir des biscuits à l'entrée. Lorsqu'il me voit, il me reconnaît tout de suite et me serre la main très fort. Il a répété ce geste six ou sept fois, témoin à l'appui! Ross est concentré, car il doit passer derrière les commandes dans le box technique. Entre mes mains, j'ai quelques-uns de mes livres que je veux offrir et deux vieux albums fétiches à faire autographier. Je lui demande si je peux avoir du temps avec Gino après le show. «Bien sûr», qu'il répond. Spectacle impeccable, comme d'habitude. Salle survoltée avec plein de gens debout derrière et sur les côtés. Une vraie bête de scène, même à 59 ans. *Tonight's the night*[3]*!*

Après le spectacle, il y a une file d'au moins cent cinquante personnes pour recevoir des autographes et des photos. J'ai un petit doute. Ross vient me voir et me dit, en anglais: «Reste ici. Après la file, suis-moi, on va aller derrière. Quel est le nom de votre ami, encore?» On est *in!* Le guerrier est en position. Rien ne peut me distraire et me faire perdre de vue Ross qui attend que son frère salue son dernier fan pour retourner dans sa loge-salon.

---

3. *Ce soir, c'est le soir!*

Gino marche seul avec l'allure d'un roi, le corps droit mais souple, fier, charismatique et confiant. Son frère le pourchasse d'un pas décidé, je le talonne. Ghislain, qui avait perdu le focus dans ce hall de casino désolant de distractions, a peine à nous rattraper. Il parvient à nous rejoindre, alors qu'avant d'entrer de nouveau dans la salle de spectacle, Ross lance à son frère: «*Gino, I want you to meet someone*[4].» Gino s'arrête et se retourne. Je lui fais face, son regard fixe le mien, sa main se tend et, ça y est! Avec cette poignée de main et ce regard, je réalise enfin l'un de mes plus grands rêves. Gino a rencontré et vu Marc André Morel.

Mais ce n'est pas terminé, parce que j'imagine que c'est ainsi lorsqu'on parvient au sommet de l'Everest. Arrivé à destination, je présume qu'on découvre de petits trésors cachés qui ne sont pas dans le dépliant de l'organisateur. C'est à ce moment que je commence à lâcher prise sur mon rôle de prédateur et, de façon surprenante, je deviens moins fan, plus Marc André, donc encore plus fort: «*OK, guys, let's go in the rest room*[5]», dit Gino. C'est le petit salon adjacent à la loge, qui contient une chaise, une causeuse et, sur une table derrière, des restes de nourriture du traiteur. En entrant, comme le veut la tradition italienne, Gino et Ross nous offrent de quoi manger et boire. On ne prend rien. Voyant Gino un peu mal à l'aise, penché sur un des plateaux en tentant de choisir un morceau convenable, je me lance: «*I translated your promo material for the cruise, your press release as*

---

4. «*Gino, je voudrais que tu rencontres quelqu'un.*»
5. «*OK, les gars. Allons dans le* rest room.»

well...[6]» «*Oh yeah... oh yeah... it's all coming back to me now... that's you*[7]*!*», dit-il avec sa voix profonde de stentor. Du coup, Ross en profite pour me remercier devant son frère pour la traduction et pour avoir informé mon propre public de cette publicité pour la croisière. Je poursuis. Je m'approche de lui avec mon premier livre à la main. En anglais toujours, je lui dit: «J'ai des cadeaux pour vous», en lui montrant la section où je le cite. «Je suis conférencier.» «*Oh yeah... is that right*[8]*?*» «Je vous ai cité ici dans la section sur la passion, alors que vous disiez en entrevue à la Société Radio-Canada: "Quelqu'un qui ne fait pas ce qu'il aime dans la vie manque sa vie", *do you remember that*[9]*?*» Avec un sourire qui s'installe timidement, il me répond qu'il en a dit des choses de cette nature dans sa vie. Le premier rire partagé, enfin! Cela réduit la légère tension, normale dans ces circonstances.

Gino nous invite à nous asseoir. Il prend un côté de la causeuse de cuir brun, et moi, l'autre. Elle est tellement étroite qu'on a les genoux qui se touchent la plupart du temps. Ghislain est encore debout derrière moi, il ne respire plus depuis huit minutes. Sa caméra à la main, il est prêt à dégainer comme le bon soldat qu'il est, lui que j'ai entraîné dans mes folies à 19 ans à faire des vidéos sur les toits de buildings du centre-ville de Montréal pour des projets d'université. *Respire, Ghislain, respire.* De mon côté, je suis tout à fait à l'aise. Je me laisse porter par le moment. C'est un

---

6. «*J'ai traduit votre matériel de promotion pour la croisière, ainsi que votre communiqué de presse...*
7. «*Oui, oui, ça m'arrive maintenant... c'était vous!*»
8. «*Oh, oui... c'est vrai?*»
9. «*... vous vous rappelez de cela?*»

homme que j'admire, assis à côté de moi, et là... *on jase...* C'est parti. Il commence avec la passion, explique que c'est important pour la réussite mais que, même avec le talent, ce n'est pas suffisant. Combien de personnes n'ont pas su réaliser leur rêve professionnel. Il avait parlé de son père durant le spectacle, qu'il était de ceux qui n'ont pas percé comme chanteurs. J'en profite pour lui dire que, dans ce message plus tôt sur scène, le mot que j'aurais rajouté à sa dernière phrase est le mot *purpose* [raison d'être], et là il décolle sur une multitude de définitions, de philosophies, d'enseignements spirituels.

Je garde le contenu de notre conversation entre nous, mais sachez que cela a duré plus d'une demi-heure. Il s'est révélé. Je le relançais avec des citations et des textes que j'avais lus. C'était profond, authentique. Merveilleux! Quatre jours plus tard, je ressens toujours aussi vivement l'émotion vécue dans cette loge.

Ghislain a fini par s'asseoir et Ross est parti régler certaines choses. Et pendant tout ce temps, apparemment, les deux gardes du corps et la directrice de plateau faisaient les cent pas devant la porte. Je ne m'en étais même pas aperçu. Et je m'en foutais, *if you know what I mean*[10]. C'était mon moment à moi. Et il y a plus. Comme j'avais des livres pour lui offrir, il n'a pas voulu les apporter avec lui, question de voyager léger. Il m'a donné son adresse à la maison.

En sortant, après avoir pris l'ascenseur avec lui, Ross et les gardes du corps, je ne sentais plus mes jambes. Et j'avais un «rêve» vieux de vingt-six ans qui

---

10.(...) *si vous voyez ce que je veux dire.*

était accompli. Parfois, ça prend du temps pour réaliser ses rêves, et tout à coup, tout se déroule si vite. Et j'ai la sensation que ce n'est pas encore terminé.

Il y a définitivement, au sommet, plus que ce que l'on croyait. Ma carrière de conférencier est meilleure que je l'aurais espéré, c'est la même chose pour mon désir d'écrire. Mon premier baiser amoureux était meilleur que je ne l'avais imaginé aussi, et que dire de Tommy-le-chien qui est bien au-delà de ce que j'avais visualisé.

VOICI DONC UN RÉSUMÉ
DES LEÇONS À TIRER

LE TERROIR

Nous ne pouvons semer une graine dans du ciment. Nous avons besoin d'un terreau propice, d'une histoire qui nous prépare, d'une raison d'être à ce que nous désirons réaliser. Il est crucial de mettre l'accent sur le sentiment initial (le pourquoi) et de nous en rappeler tout au long du processus. Ce sentiment est plus important que la mécanique elle-même (le comment).

LA SEMENCE

Il faut ensuite décider. Mettre le tout par écrit. Visualiser aussi. Et nous entourer des conditions que nous souhaitons manifester.

LA PÉRIODE DE GESTATION

Rappelez-vous, rien n'est automatique. Il y a un délai à tout. Pendant ce temps, nous nous détachons psychologiquement du résultat. Nous avançons, comme un soldat, un missionnaire, une étape à la fois, confiants du résultat atteint un jour.

LA RÉCOLTE

La nature nous dicte lorsqu'il est temps de récolter, et non l'inverse – si j'avais rencontré Gino Vannelli avant aujourd'hui, je lui aurais serré la main, c'est tout. Je n'avais pas la connaissance et la maturité pour les échanges que nous avons eus à minuit le soir après une épuisante performance. Et lorsque les bons événements arrivent, la sérénité avec laquelle nous accueillons cette moisson dépend de l'authenticité de la première étape : le terroir.

Combien d'entre nous lancent des rêves en l'air sans réellement y croire ou sans savoir pourquoi ils sont importants pour eux, tellement ils sont déconnectés de leurs valeurs profondes.

L'ACTION DE GRÂCE

La vie a tendance à nous envoyer davantage les choses pour lesquelles nous sommes reconnaissants.

Les gens vivent souvent sous la croyance de la pensée magique, c'est-à-dire que de bonnes choses vont leur arriver parce qu'ils le souhaitent et parce qu'ils le méritent.

Oui, la qualité et l'intensité de nos pensées sont importantes, mais les choses arrivent parce qu'elles arrivent. Et d'autres arrivent parce que nous les faisons arriver. Or, le moyen le plus sûr de voir de bonnes choses se produire dans notre vie est de passer à l'action. Le deuxième moyen est d'avoir, chaque jour, une véritable attitude de gratitude pour les belles et bonnes choses qui se présentent dans la vie et que nous sommes.

« La puissance qui nous habite
est toujours plus grande que
la tâche qui demeure
à accomplir. »

À propos de l'auteur

Marc André Morel est un expert sur les thèmes du leadership personnel et de la motivation. Diplômé en Marketing de l'Université Concordia à Montréal, il est récipiendaire de plusieurs prix de vente au sein de géants tels que Xerox et NCR, en plus d'avoir obtenu la plus haute désignation accordée à un conférencier sur le plan international, soit le CSP – Certified Speaking Professional. Formateur émérite pour des programmes reconnus mondialement tels que la vente-conseil de Wilson Learning, Strategic Presentations Workshop de Dale Carnegie, CareerTrack, il a aussi enseigné la vente relationnelle à HEC Montréal.

Après avoir débuté sa carrière de formateur au Québec, il a fait le saut aux États-Unis pour animer de nombreuses formations publiques où il a connu un grand succès. Il est l'auteur de plusieurs livres – dont deux *best-sellers* –, ses conférences sont très en demande partout au Québec, au Canada et en Europe. Reconnu pour son grand sens de l'humour, sa spontanéité et son authenticité, il a en effet à son actif près de 2 000 présentations données dans sept pays. Il a aidé d'innombrables individus et organisations de tous les secteurs d'industrie, tels Pfizer, Bell, Gouvernement du Canada, Desjardins, Century 21 France et Sanofi-Pasteur, à donner le meilleur d'eux-mêmes.

Auteur de plus de cent articles sur le sujet de la motivation et de la réussite de carrière auprès de plusieurs publications nationales, il a été interviewé et cité à maintes reprises dans les médias imprimés, radiophoniques et télévisés, tels que *TVA, RDI, LCN, Les Affaires, La Presse, Le Soleil, Mieux-Être, Vivre, Le Droit, Ottawa Citizen* et *Radio CITÉ Rock Détente.*

Inscrivez-vous à MOREL EXPRESS,
un bulletin bi-mensuel inspirant et gratuit :
www.marcandremorel.com

m@marcandremorel.com
Canada et États-Unis : 1 866 626-6735

DE L'AUTEUR

LIVRES

Motivé à bouger! Longueuil, Béliveau Éditeur, 2011, 144 p.

La cinquième saison: réaliser sa destinée avec simplicité. Montréal, Éditions du Leader, 2002-2011, 280 p.

De l'énergie à vie! Trouver et garder la motivation au gym. Montréal, Éditions du Leader, 2005, 147 p.

CD

Motivé à bouger! Carignan, Coffragants, 2011, deux CD.

Pour le meilleur de soi! Carignan, Coffragants, 2011, deux CD.

DVD

Les chroniques de l'allumeur d'étincelles: 10 entrevues télé pour vous mettre en feu! Montréal, Marc André Morel, 2008.

Marquis imprimeur inc.

Québec, Canada
2012